国家级职业教育规划教材
人力资源和社会保障部职业能力建设司推荐

高等职业技术院校物流管理专业教材

物流成本管理

人力资源和社会保障部教材办公室 组织编写

主编 杜学森

中国劳动社会保障出版社

图书在版编目(CIP)数据

物流成本管理/杜学森主编. —北京：中国劳动社会保障出版社，2014
高等职业技术院校物流管理专业教材
ISBN 978-7-5167-1412-6

Ⅰ.①物… Ⅱ.①杜… Ⅲ.①物流-成本管理-高等职业教育-教材 Ⅳ.①F253.7

中国版本图书馆 CIP 数据核字(2014)第 248659 号

中国劳动社会保障出版社出版发行
（北京市惠新东街 1 号 邮政编码：100029）

*

北京隆昌伟业印刷有限公司印刷装订 新华书店经销

787 毫米×1092 毫米 16 开本 10.5 印张 243 千字
2014 年 10 月第 1 版 2014 年 10 月第 1 次印刷
定价：20.00 元

读者服务部电话：（010）64929211/64921644/84643933
发行部电话：（010）64961894
出版社网址：http://www.class.com.cn

前　言

近几年，随着国民经济的飞速发展，我国物流行业进入了一个新的发展阶段，物流企业的运营方式、业务流程、技术手段、服务质量等不断向标准化、专业化、规模化、社会化、信息化的方向发展。为了适应物流行业的发展，培养更加符合企业需求的专业技能人才，我们组织一批教学经验丰富、实践能力强的教师与行业、企业的专家，在认真分析物流企业岗位需求和完善课程教学方案的基础上，编写了一套新的物流管理专业教材。与2006版教材相比，新版教材体系更加完善并采用了理实一体化的编写思路。目前，两套教材可较好地满足高等职业技术院校不同的教学需求，各校可根据自身的教学条件、课程设置等进行选择。

本套教材共计15种，分别为《物流基础》《物流法律法规》《物流经济地理》《物流信息技术应用》《物流设施与设备》《物流仓储业务与管理》《物流配送业务与管理》《物流仓储与配送实务》《物流运输业务与管理》《物流采购业务与管理》《物流客户服务与管理》《物流成本管理》《物流市场营销》《国际货运代理》和《报检与报关》，其中《物流仓储与配送实务》教材是为了满足部分院校将仓储、配送两门课程合并教学的需要而开发的。

在教材组织编写工作中，我们坚持了以下原则：

第一，突出职业特色，从职业岗位分析入手，合理构建教材的知识和技能结构，注重对学生实践能力的培养，提高教材的针对性和适用性。

第二，突出行业特色，根据物流行业的发展现状，尽可能多地在教材中体现新知识、新技术和新方法，提高教材的先进性，使教材具有鲜明的时代特征。

第三，突出职业资格证书与学历证书并重的精神，力求使教材内容涵盖助理物流师国家职业标准的相关要求。

第四，突出可接受性，在教材编写方面，力求文字表达通俗易懂，并尽量采用以图代文、以表代文的表现形式，激发学生的学习兴趣。

在本套教材的编写过程中，有关省市教育部门、人力资源和社会保障部门以及一批高等职业技术院校给予我们有力的支持，教材的主编、参编、主审等有关人员做了大量的工作，在此，我们表示衷心的感谢！同时，恳切希望用书单位和广大读者对教材提出宝贵的意见和建议，以便修订时加以完善。

人力资源和社会保障部教材办公室

简　介

本书为国家级职业教育规划教材，由人力资源和社会保障部教材办公室组织编写。

本书根据高等职业技术院校物流管理专业的教学实际，系统讲解了物流成本管理的基本知识和方法，主要内容包括：物流成本及管理概述、物流成本核算方法、物流成本预测与决策、物流成本预算与控制、物流运输成本管理、物流仓储成本管理、物流配送成本管理、物流包装成本管理、物流装卸搬运和流通加工成本管理、物流成本绩效评价等。

本书由杜学森担任主编，由刘晓斌审稿。

目　录

第一章

物流成本及管理概述

第一节　物流成本概述

物流成本贯穿于企业经营活动的全过程，包括从原材料供应开始一直到将商品送达消费者手中所发生的全部物流费用。

一、物流成本的概念

物流成本是指伴随企业物流活动而产生的各种费用，如运输、仓储、装卸搬运、包装、流通加工、配送、物流信息处理等环节所支出的人力、财力、物力的总和。

物流成本的概念有广义和狭义之分，狭义的物流成本是指由于物品实体的位移而引起的有关运输、包装、装卸等成本；而广义的物流成本是指包括生产、流通、消费全过程的物品实体与价值变换而产生的全部成本，具体包括了从生产企业内部原材料协作件的采购、供应开始，经过生产制造过程中的半成品存放、搬运、装卸，成品包装及运送到流通领域，进入仓库验收、分类、储存、保管、配送、运输，最后到消费者手中的全过程发生的所有成本。

二、物流成本的分类

1. 按物流成本所处的领域分类

从物流成本所处的领域进行分类，可以分为流通企业物流成本、制造企业物流成本和物流企业物流成本。

（1）流通企业物流成本

流通企业主要是指商业批发企业、商业零售企业、连锁经营企业等。流通企业物流成本是指在组织商品的采购、运输、仓储、销售等一系列活动中所消耗的人力、物力、财力的总和。

（2）制造企业物流成本

制造企业是指从事工业生产经营活动或提供工业性劳务的经济组织，是自主经营、自负盈亏、独立核算的商品生产者和经营者，其物流过程一般包括采购供应物流、生产物流、产品销售物流及回收和废弃物流等。制造企业的物流成本是指企业在进行供应、生产、销售、回收等一系列活动所耗费的人力、物力、财力的总和。与流通企业相比，制造企业的物流成本大多体现在所生产的产品成本中，具有与产品成本的不可分割性。

（3）物流企业物流成本

物流企业是指从事物流活动（至少从事运输或仓储一种经营业务）并能够按照客户物流

需求对运输、储存、装卸、包装、流通加工、配送等基本功能进行组织和管理，具有与自身业务相适应的信息管理系统，实行独立核算、独立承担民事责任的经济组织。物流企业包括第三方物流服务企业，也包括提供功能性物流服务的企业，如仓储公司、运输公司、货代公司等。

物流企业通过专业化的物流服务，降低生产企业或商品流通企业的物流运营成本，并从中获得利润。可以说，物流企业的整个运营成本和费用实际上就是货主企业物流成本的转移，其全部运营成本费用都可以看作广义上的物流成本。

2. 按物流成本支出的形式分类

按物流成本支出形式，物流成本可以分为直接物流成本（本企业支付的物流成本）和委托物流成本（支付其他物流组织的物流成本）。

（1）直接物流成本

直接物流成本包括：材料费，如包装材料费、工具消耗费；人工费，如人员的工资、奖金、补贴；折旧费，如设备设施折旧费、大修理折旧费；管理费，如管理信息费、办公费、差旅费；银行利息支出；维护保养费；燃料、动力费；其他费用，如物流工作保护费、罚金等。

（2）委托物流成本

委托物流成本包括包装费、运输费、手续费、保管费、其他费用。

3. 按物流成本的性态分类

成本性态是指成本总额与业务总量之间的依存关系。物流成本按性态可分为变动成本和固定成本。

（1）变动成本

变动成本是指成本总额随业务量的增减变化而近似成正比例增减变化的成本，例如材料的消耗、燃料消耗、人员工资等。

变动成本具有两个特征：一是变动成本总额的正比例变动性，即变动成本总额随业务量的变化而呈正比例变化，变动成本总额的性态模型为 $y=bx$，如图 1—1—1 所示；二是单位变动成本的不变性，即在业务量不为零时，单位变动成本不受业务量增减的影响而保持不变，单位变动成本的性态模型为 $y=b$，如图 1—1—2 所示。

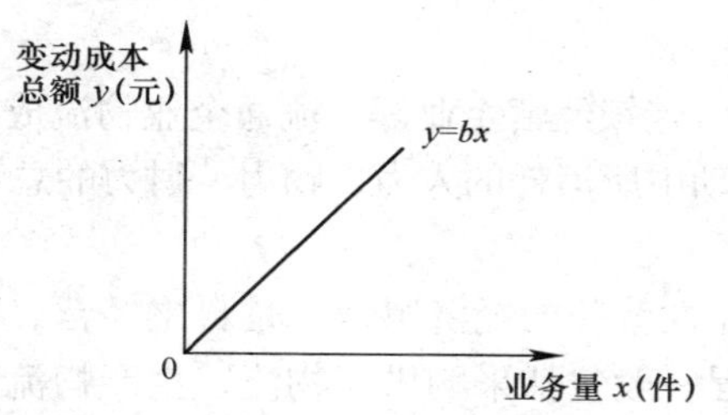

图 1—1—1　变动成本总额性态模型

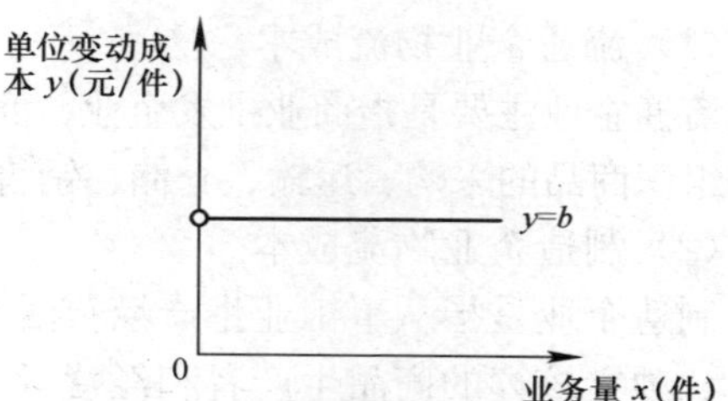

图 1—1—2　单位变动成本性态模型

（2）固定成本

固定成本是指在一定的业务量范围内，成本总额与业务量的增减变化无关的成本，如固定资产折旧费、管理部门的办公费等。

固定成本具有两个特征：一是固定成本总额的不变性，即固定成本总额不随业务量增减的变动而变动，固定成本总额性态模型为 $y=a$，如图 1—1—3 所示；二是单位固定成本的反比例变动性，即单位固定成本随业务量的增减呈反比例变动，单位固定成本性态模型为 $y=a/x$，如图 1—1—4 所示。

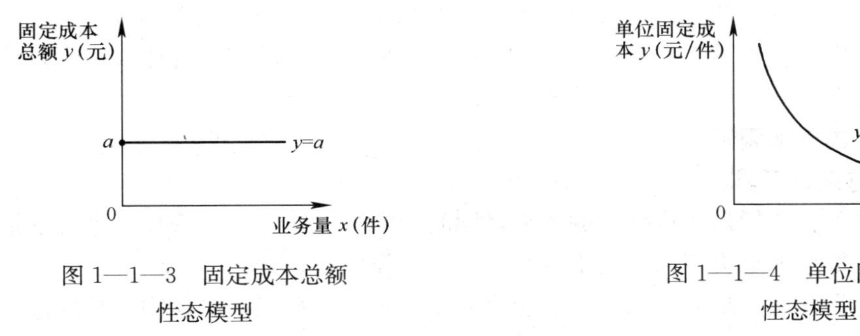

图 1—1—3 固定成本总额性态模型

图 1—1—4 单位固定成本性态模型

在实际工作中，往往还会遇到一些成本兼有固定成本和变动成本的性质。这类成本总额会随业务量的变动而变动，但其变动幅度并不随业务量的变动保持严格的比例，因此，将其统称为混合成本，例如车辆设备的日常维修费等。其中受变动成本影响较大的称为半变动成本，而受固定成本的特征影响较大的称为半固定成本。

对于混合成本，可按一定方法将其分解成变动与固定两部分，并分别划归到变动成本与固定成本。混合成本分解可以依据历史数据进行，常用方法包括高低点法、散点图法和回归直线法，在没有历史数据可以借鉴的情况下，也可以通过账户分析法或工程分析法进行混合成本的分解。对混合成本进行分解后，可以将整个运营成本分为固定成本与变动成本两个部分，在此基础上，进行物流成本的分析与管理。

4. 按物流成本的可控性分类

(1) 可控成本

可控成本是指责任单位能够进行控制的成本。例如，在生产企业中直接材料的成本可以由生产部门和供应部门进行控制。因材料的耗用而发生的成本，对生产部门来说是可控的。而对于价格原因形成的成本只能由供应部门控制，对生产部门来说是不可控的。作为可控成本必须同时具备以下四个条件：

1) 责任单位能够通过一定的方式了解这些成本是否发生及在何时发生。

2) 责任单位能够对这些成本进行精确的计量。

3) 责任单位能够通过自己的行为对这些成本加以调节和控制。

4) 责任单位可以将这些成本的责任分解落实。

(2) 不可控成本

凡不能满足可控成本条件的成本称为不可控成本。责任单位不应当承担不可控成本的相应责任。

需要注意的是成本的可控性是相对的，由于它与责任单位所处管理层次的高低、管理权限和控制范围大小及管理条件的变化有直接关系，因此在一定空间和时间条件下，可控成本与不可控成本可以实现相互转化。

5. 按物流成本的计算方法分类

（1）实际成本

实际成本是指企业在物流活动中实际耗用的各种费用的总和。

（2）标准成本

标准成本是通过精确的调查、分析与技术测定而制定的一种预计成本，是在一定的技术水平和有效管理条件下应当达到的成本目标。通过实际成本与标准成本的比较，可以计算成本差异，并分析成本差异的原因，进而采取相应的措施。

三、物流成本的影响因素

1. 进货渠道与运输工具

进货渠道决定了企业货物运输距离的远近，同时影响着运输工具的选择、进货批量等多个方面。因此，进货渠道是决定物流成本水平的一个重要因素。

不同的运输工具，成本高低不同，运输能力大小不等。一般来讲，运输工具的选择不仅受运输物品的种类、运输量、运输距离、运输时间、运输成本等因素的影响，同时还受到企业对某种物品的需求程度及工艺要求的影响。所以，选择运输工具要同时兼顾保证生产和销售的需要、力求成本最低两个方面。

2. 存货控制与保管制度

无论是生产企业还是流通企业，对存货实行控制，严格掌握进货数量、次数和品种，都可以减少资金占用、贷款利息支出，降低库存、保管、维护等成本。

良好的物品保管、维护、发放制度，可以减少物品的损耗、霉烂、丢失等事故，从而降低物流成本。

3. 产品质量

影响物流成本的一个重要方面还在于产品质量，即产品废品率的高低。生产高质量的产品可杜绝因次品、废品等回收、退货而发生的各项物流成本。

4. 管理成本开支

管理成本与生产、流通没有直接的数量关系，但管理成本的高低直接影响着物流成本的大小，降低办公费、水电费、差旅费等管理成本可以降低物流成本总水平。

5. 资金利用率

企业利用贷款进行生产或流通，必然要支付一定的利息（如果是自有资金，则存在机会成本问题），资金利用率的高低影响着利息支出的大小，从而也影响着物流成本的高低。

四、降低物流成本的途径

1. 改善物流管理

物流活动的管理水平直接影响物流成本。改善物流管理就是要加强物流的经济核算，选用恰当的成本控制方法，对资金、人员、材料消耗、物流各环节支出等进行分析，不断改善管理方法，寻求降低费用的途径。因此，应该建立降低物流成本的激励机制，调动物流各个环节人员的积极性，并加强经济核算，从而降低物流成本。

2. 减少中转环节

产品在离开生产领域进入消费领域之前，需要经过许多流通环节，这些环节越多，产品在物流过程中所需要的时间越长，物流成本也必然相应增加。精简不必要的流通环节，能够加快物流速度，降低物流成本。因此，应该加强物流系统组织的设计，做好物流系统规划、计划阶段的工作。

3. 扩大物流量和加快物流速度

在其他条件相同的情况下，物流量越大、速度越快，实现物流活动所需要的流动资金就越少。因此，加快物流速度可以减少流动资金的需要量，减少利息的支出，如果物流速度慢，商品在运输、储存保管等环节时间延长，必定会相应增加储运、保管等费用及商品的自然损耗和增加物流成本支出。因此，应该扩大物流量，加快物流速度，协调好货运枢纽与配送中心、不同部门间物流设施的运行，形成物流活动经济规模，降低单位业务量的物流成本。

4. 采用先进适用的物流技术和手段

先进适用的物流技术和手段可以不断扩大物流量，加快物流速度，而且还可以减少物流损失。例如，采用先进的机械设备、集装箱、托盘等，选择合理的运输路线，有效控制库存数量等，可以降低物流费用；采用电子信息技术，可以使物流各环节密切联系，减少或杜绝物流环节之间因物流信息不畅造成的不必要的停滞，加快物流速度，从而降低物流费用。

第二节　物流成本管理概述

物流成本管理的意义在于，通过对物流成本的有效控制，科学合理地组织物流活动，加强对物流活动过程中费用支出的有效控制，降低物流活动中的物化劳动和活劳动的消耗，从而达到降低物流总成本的目的，提高企业的经济效益和社会效益。

一、物流成本管理的概念

物流成本管理是指以降低物流成本为目的而进行的计划、分析、核算、控制与优化的管理活动。

实质上，物流成本管理是通过成本去管理物流，即管理的对象是物流而不是成本，物流成本管理可以说是以成本为手段的物流管理方法。这是因为：一是成本能真实地反映物流活动的实态，一旦用成本去掌握物流活动，物流活动方法上的差别就会以成本差别明显地表现出来；二是成本可以成为评价所有活动的共同尺度，可以把性质不同的活动放到同一场合进行比较、分析，评价优劣。

二、物流成本管理的层次和原则

1. 物流成本管理的层次

物流成本管理的层次包括物流成本核算层、物流成本管理层、物流成本效益评估层三个层次，各层次的主要工作如下：

（1）物流成本核算层的主要工作

1）明确物流成本的构成内容。物流成本的各项目之间存在此消彼长的关系，某一项目成本的下降将会带来其他项目成本的上升。因此，在达到一定服务标准的前提下，不明确物流总成本的全部构成，仅仅对其中的某一项或某几项进行调整和优化，未必会带来全部物流成本的最优化。所以，明确物流成本的构成，将全部物流成本从原有的会计资料中分离出来是十分必要的。在此基础上，才能进行有效的物流成本核算、管理和分析。

2）对物流总成本按一定标准进行分配与归集核算。物流总成本可以按照不同的标准进行归集。较常用的方式有：根据不同的产品、客户或地区等成本核算对象进行归集；也可以根据装卸费用、包装费用、运输费用、信息费用等物流职能进行归集；还可以按照材料费、人工费等费用支付形式进行归集。

3）明确物流成本核算的目的。在进行物流成本有效核算的基础上，可以开展多种形式的物流成本管理。因此，在进行企业物流成本核算时，要明确物流成本核算的目的，使得整个核算过程不仅仅停留在会计核算层面上，而且能够充分运用这些成本信息，对企业的用途和意义更大。

（2）物流成本管理层的主要工作

在物流成本核算的基础上，采用各种成本管理与管理会计方法，进行物流成本的管理与控制。可以采用的成本管理方法主要包括物流标准成本管理、物流成本性态及盈亏平衡分析、物流成本预算管理、物流责任中心和物流责任成本管理等。

（3）物流成本效益评估层的主要工作

在物流成本核算的基础上，进行物流系统对企业收益贡献程度的评价，并进行物流系统经济效益的评估。在此基础上，对物流系统的变化或改革做出模型，寻求最佳物流系统的设计。

2. 物流成本管理的原则

（1）控制原则

物流费用开支必须按照财务制度的规定，不得随意扩大开支范围和提高开支标准。财务部门要严格审查一切费用开支，凡不符合制度规定的费用和超过标准的部分，应一律拒绝，以保证费用开支的真实性和合理性。

（2）计划原则

应当正确编制物流费用计划，对费用开支实行计划管理，而且坚持按计划执行，保证完成降低物流费用的任务。

（3）节约原则

在保证物流正常进行的情况下，尽量减少一切不必要的开支，努力降低费用。但是节约应当以保证物流正常进行和提高服务质量为前提，只有这样，才能有利于以最少物流消耗取得最佳的经济效益。

（4）系统原则

实行物流全过程成本优化。对于一家企业来讲，控制物流成本不单是本企业的工作，而是应该考虑整个供应链过程的物流成本控制，实行供应链各环节成本协调，即从现代物流管理的观念来控制物流成本，这需要本企业协调与其他企业（如供应商等）及客户的关系，实现整个供应链活动的效率化。

三、物流成本管理的内容和要点

1. 物流成本管理的内容

物流成本管理的内容包括物流成本预测、物流成本决策、物流成本计划、物流成本控制、物流成本核算、物流成本分析等。

（1）物流成本预测

物流成本预测是运用一定的技术方法，对未来的成本水平及其变动趋势做出科学的估计，如运输成本预测、库存成本预测等。

（2）物流成本决策

物流成本决策主要体现在根据企业决策目标收集、整理有关信息资料，选择科学的方法计算有关物流成本决策方案的评价指标，并做出正确的财务评价，最终筛选出最优的行动方案。

（3）物流成本计划

物流成本计划是指通过一定的程序、运用一定的方法，以货币形式规定计划期物流各环节耗费水平和成本水平，并提出保证成本计划顺利实现所采取的措施。

（4）物流成本控制

物流成本控制是指将对物流成本的事前控制与事中控制有机地结合起来，通过事前确定成本标准，根据执行过程中的实际和计划发生的偏差进行原因分析，并及时采取措施进行调整，改进工作，确保成本目标的实现。

（5）物流成本核算

物流成本核算是指采用相应的成本计算方法，按照规定的物流成本项目，通过一系列的物流费用归集与分配，计算各物流活动的实际总成本和单位成本。

（6）物流成本分析

物流成本分析是指运用一定的方法，揭示物流成本水平的变动及其影响因素，进而采取有效措施，合理控制物流成本。

2. 物流成本管理的要点

（1）确定成本管理对象

物流成本管理的前提是确定成本管理对象，可以根据企业的性质和管理需要来确定物流成本的管理对象。

1）以物流过程为对象，可以计算供应物流成本、生产物流成本、回收物流成本及废品物流成本等。

2）以物品实体为对象，可以计算每一种物品在流通过程中（包括运输、验收、保管、维护、修理等）所发生的成本。

3）以物流功能为对象，计算运输、保管、包装、流通加工等各种物流功能所发生的成本。

4）以物流成本项目为对象，计算各物流项目的成本，如运输费、保管费、折旧费、修理费、材料费及管理费等。

5）以某一物流部门为对象，如以仓库、运输队、装配车间等部门为对象进行计算。这种核算对加强责任中心管理，开展责任成本管理方法及对于部门的绩效考核是十分有利的。

6）以某一服务客户为核算对象。这种核算方式对于加强客户服务管理、制定有竞争力且有盈利性的收费价格是很有必要的。特别是对于物流服务企业来说，在为大客户提供物流服务时，应认真分别核算对各个大客户提供服务时所发生的实际成本。

7）以某一地区为对象，计算在该地区组织供应和销售所产生的物流成本，据此可进一步了解各地区的物流费用开支情况，以便进行重点管理。

8）以某一物流设备和工具为对象，如以某一运输车辆为对象进行计算。

9）以企业全部物流活动为对象进行计算，确定企业为组织物流活动所产生的全部物流成本。

（2）制定成本标准

1）按成本项目制定成本标准。企业内部每一物流成本项目，按其与物品流转额的关系，可以分为固定成本和变动成本。对于固定成本项目（如折旧费、办公费等），可以以本企业历年成本水平或其他企业（能力及规模与本企业相当）的成本水平为依据，再结合本企业现在的状况和条件，确定合理的成本标准。而对于可变成本项目，应着重考虑近期及长远条件和环境的变化（如运输能力、仓储能力、运输条件及国家的政策法令等），制定出相应的成本标准。

2）按物流功能制定成本标准。不论是运输、保管成本还是包装、装卸成本，其水平的高低均取决于物流技术条件、基础设施水平。因此，在制定物流成本标准时应结合企业的生产任务、流转流通数量及其他相关因素进行考虑。

3）按物流过程制定成本标准。按物流过程制定成本标准，是一种综合性的技术，要求全面考虑物流的每个过程，既要以历史成本水平为依据，又要充分考虑企业内外部因素的变化。

（3）实行预算管理

成本标准确定后，企业应充分考虑自身财力状况，制定出每一种成本的资金预算，以确保物流活动的正常进行。同时按照成本标准，进行定期与不定期检查、评价与分析，以控制物流活动和成本水平。

（4）实行责任成本管理制度

要想有效控制物流成本，除了制定成本标准外，还需在物流部门、生产部门、销售部门实行责任制，实行全过程、全人员的成本管理，明确权力和责任。

1）分解落实物流成本指标。不同的物流部门负担着不同的物流成本，按成本发生的地点将成本分解到一定部门，落实其降低物流成本的责任，并按成本的可控性检查该部门物流成本的降低情况，以作为评价其成绩的依据。

2）编制记录、计算和积累有关成本执行情况的报告。每个物流部门都应将其负担的物流成本进行记录、计算和汇总，并定期编制出业绩报告，以形成企业内部完整的物流成本系统。

3）建立成本反馈与评价系统。一定时间段后，将每一部门发生的物流成本实际支付结果与预算（标准）进行对比，评价其在成本控制方面的成绩与不足，以确定是奖励还是惩罚。

（5）合理进行技术改造

合理进行技术改造是指在进行技术及设备引进时要考虑其经济性，尽管先进的运输、包装、装卸技术必然能降低物流成本，但先进技术方法的运用也必然有较高的成本。因此，以经济与技术相结合来选择运输工具、包装材料、装卸工具，也是降低物流成本总水平的一个

重要方面。

（6）推进物流管理的现代化

推行物流管理的现代化包括系统化、机械化、合理化，物流所要解决的主要问题是物资实体的位移及着眼于成本的降低。建立物流活动的系统化、机械化，从而使其流向合理化，包装运输科学化也能大大降低物流成本。

四、物流成本管理的方法

1. 比较分析法

比较分析法是指通过实际数据与基础数据的对比来提示两者之间的差异，以了解经济活动的成绩和问题的一种分析方法。在实际运用中，比较分析法有三种情况。

（1）横向比较

把企业的供应物流、生产物流、销售物流、退货物流和废弃物流（有时包括流通加工和配送）等费用分别计算出来，然后进行横向比较，看哪部分发生的物流费用最多。如果是供应物流费用最多或者异常多，则再详细查明原因，堵住漏洞，改进管理方法，以便降低物流成本。

（2）纵向比较

把企业历年的各项物流费用与当年的物流费用加以比较，如果增加了，则分析增加的原因，增加的项目内容，如果增加的是无效物流费用，应采取措施立即改正。

（3）计划与实际比较

把企业当年实际开支的物流费与原来编制的物流预算进行比较，如果出现超支，则分析超支的项目及其原因，便于掌握企业物流管理中的常见问题和薄弱环节。

2. 活动优化法

活动优化法是指通过物流过程的优化管理达到降低物流成本的管理方法。物流过程是一个创造时间性和空间性价值的经济活动过程，为使其能提供最佳的价值效能，就必须保证物流各个环节的合理化，具体内容如下：

（1）运用线性规划、非线性规划，制订最优运输计划，实现物资运输优化。物流过程中遇到最多的是运输问题，例如某种物品现有某几个工厂生产，又需供应某几个客户，怎样才能使工厂生产的物品运到客户所在地时达到总运费最低的目标。假定这种物品在工厂中的生产成本为已知，从某厂到消费地的单位运输费用和运输距离，以及各工厂的生产能力和消费地需要量都已确定，则可用线性规划来解决。如工厂的生产量发生变化，生产费用函数是非线性的，就应使用非线性规划来求解。属于线性规划类型的运输问题，常用的方法有单纯型法和表上作业法，目前，也可用计算机来求解。

（2）运用系统分析技术，选择货物最佳的配比和配送线路、实现物资配送优化。配送线路是指各送货车辆向各个客户送货时所要经过的路线，其合理与否对配送速度、合理利用车辆和配送费用都有直接影响。目前较成熟的确定优化配送线路的方法是节约法，也称节约里程法。

（3）运用存储理论，确定经济合理的库存量，实现物资储存优化。储存是物流系统的中心环节，物资从生产到客户之间需要经过几个阶段，几乎在每个阶段都发生储存问题。究竟在每个阶段库存量保持多少为合理；为了保证供给，需隔多长时间补充一次库存；一次进多少货物才能达到费用最低的目的。这些都是确定库存量的问题，也可以在存储论中找到解决的办法，其中比较著名的是经济订购批量模型，即EOQ模型。

（4）运用模拟技术，对整个物流系统进行研究，实现物流系统的最优化。例如克莱顿·希尔模型，这是一种采用逐次逼近法的模型，该模型提出了物流系统的三个目标，即最高的服务水平、最低的物流费用、最快的信息反馈。在模拟过程中采用逐次逼近的方法来求解决策变量，如流通中心的数量、对客户的服务水平、流通中心收发货时间的长短、库存分布和系统优化等。

3. 综合评价法

综合评价法是指通过物流成本的综合效益研究分析，发现问题、解决问题，从而加强物流管理的方法。例如采用集装箱进行运输，可以简化包装，降低包装费用，还可以防雨、防晒，保证运输途中物品质量。但是集装箱运输降低了包装强度，不能堆码太高，浪费了库房空间，降低了仓库保管能力，影响货物的装卸搬运效率等。那么，分析集装箱运输就要用物流成本计算这个统一的尺度来综合评价，分别算出上述各环节物流活动的费用，经过全面分析后得出结论。

4. 排除法

在物流成本管理中有一种方法称为“活动标准管理”，其中一种做法就是把物流相关的活动划分为两类：一类是有附加价值的活动，如出入库、包装、装卸等与货主直接相关的活动；另一类是非附加价值的活动，如改变工序、维修机械设备等与货主没有直接关系的活动。其实，在商品流通过程中，如果能采用直达送货的话，则不必设立仓库或配送中心，实现零库存，等于避免了物流中的非附加价值活动。如果将上述非附加价值的活动加以排除或尽量减少，就能降低物流费用，达到物流管理的目的。

5. 责任管理法

责任管理法是指在企业生产运营过程中明确物流成本管理的责任主体，对相应物流成本进行管理的方法，即在企业中，划分出若干个责任中心，由各责任中心对自身所能控制的物流成本承担责任和进行管理。例如，在生产企业里，物流本身的责任在物流部门，但责任的源头却是销售部门或生产部门。以销售物流为例，一般情况下，由销售部门制订销售物流计划，包括订货后几天之内送货，接受订货的最小批量是多少等，均由企业的销售部门提出方案和定出原则。假如该企业过于强调销售的重要性，则可能决定当天订货，次日送达。这样的话订货批量大时物流部门的送货成本低，订货批量小时送货成本就增大，甚至过分频繁、过少数量送货造成物流费用的增加，大大超过了扩大销售产生的价值，这种浪费和损失应由销售部门负责。分清类似的责任有利于控制物流总成本，防止销售部门随意改变配送计划，有效控制无意义、不产生任何附加价值的物流活动。

思考与练习

1. 什么是物流成本？物流成本按不同的依据可以分为哪些类型？
2. 影响物流成本的因素有哪些？降低物流成本的途径有哪些？
3. 物流成本管理的内容有哪些？

4. 简述物流成本管理的要点。

5. 为什么说物流成本管理的对象是物流而不是成本?

6. 制定物流成本标准需要考虑哪些因素?

7. 结合一项具体的物流活动（如物流运输或物流配送）阐述并解释物流成本管理的各项内容。

8. 当一个工厂在几个市场内进行销售时，企业有若干种物流战略可以选择。例如，在西北部有一个制造商，现拟开拓东部市场，则至少有4种战略可供选择，其优劣初步分析见表1—2—1。

表1—2—1　　单一工厂、多个市场状况下的企业物流战略选择

战略选择	优势	劣势	考虑因素
直接运送产品至客户的战略	可以降低存货的费用，直接便捷，减少中间环节，降低失去销售的机会成本	直接运送比由当地的仓库送货至客户要慢。同时，由于客户的订购量很小，因此运送成本较高	该产品的特性（如单价、易腐性和季节性）；所需运送成本；客户订货数量与质量
大批整车运送到靠近市场仓库的战略	大批运送比根据每一订单运送给客户的运输成本要低，可以节省一定的运输费用；同时，通过建立地区仓库，企业可以较及时地向客户提供送货服务，可以提高客户的惠顾率	在建立或租赁仓库时要产生一定的成本，加大了存货费用	当增加新地区仓库与所能增加客户的惠顾利益超过了建立仓库所需的成本，就可以考虑建立仓库
将零件运到靠近市场的装配厂的战略	利用当地优势，进一步降低了产品成本及减少送货时间的延误	经过装配的产品可能与原产品质量有一定的差距，另外应考虑建立装配厂所投入的成本	所能节省的运输费用及降低的产品成本；建立装配厂所投入的费用；当地可以利用的资源优势及劳动力优势
建立地区制造厂的战略	取得规模经济效益，最大限度地开拓和占领新的市场，取得较大竞争利益	前期需要进行较为复杂的可行性研究，费用较高，投资风险较大	该行业是否具有大规模生产的经济性及当地的人力、能源、土地、运输等可用程度及成本，有关的法律及政治环境

请结合上述资料，讨论企业物流战略选择与物流成本的关系。

9. 某皮鞋厂年产皮鞋6万双（平均每季度生产1.5万双），每年需要原料牛皮120吨（平均每月消耗10吨，平均每双皮鞋消耗牛皮2千克）。假定该厂每吨牛皮原料的平均购入价为1万元，每双皮鞋售价100元，而银行贷款年利率为8%，那么企业的生产经营在原料采购方案中有如下几种选择：

方案A：年初向银行一次性贷款120万元（年息96 000元），一次性地购回牛皮原料120吨入仓库，找专人保管发料，全年慢慢地进行生产性消费。

方案B：年初向银行一次性贷款10万元（年息8 000元），购买1月生产所需消费牛皮原料10吨，2月采购款来自于1月部分销售回笼款，其他各月生产安排以此类推。

方案C：与专业物流公司签订业务外包协议，企业不向银行贷款；第一个月由物流公司垫支原料款，分四批购牛皮原料10吨（每周2.5吨，或每天配送450千克，逢周五、周六不送货，化整为零的配给制），取消企业仓库及仓库的管理环节，由陆续回笼的产品销售款冲抵牛皮原料的购货款（物流公司采用 JIT 模式小批量、多频率地供货）。该物流公司可以对若干个皮鞋厂所需牛皮原料采用专业化的配给供货，降低成本，以获取规模效益。

请从物流成本的角度分析上述不同方案的优劣势，为皮鞋厂做最经济合理的选择。

第二章

物流成本核算方法

第一节　物流成本核算的一般方法

物流成本核算是指企业按物流管理目标对物流耗费进行确认、计算和报告。物流成本核算是加强物流成本管理、降低物流成本、减少资金占用、提高企业经济效益的重要手段。

一、物流成本核算的对象

成本核算对象是指企业为归集和分配各项成本费用确定的以一定期间和空间范围为条件而存在的成本核算实体。

物流成本如何归集和计算，取决于对所评价与考核的成本核算对象的选取。成本计算对象的选取方法不同，将得出不同的物流成本结果，所以在计算物流成本或收集物流成本相关数据时，必须首先明确成本核算的对象。

1. 影响确定物流成本核算对象的因素

由于物流的两个中心职能是实现物质、商品空间移动的输送及时间移动的保管，在时间上具有连续性，在空间上具有并存性。因此，各项物流成本费用的发生，需要从其发生期间、发生地点和承担实体三个方面进行合理划分，这样就形成了物流成本核算对象的三个基本构成要素：成本计算期、成本计算空间、成本费用承担实体。

（1）成本计算期

成本计算期是指汇集生产经营费用、计算生产经营成本的时间范围。物流成本计算期从理论上应是某项物流经营活动从开始到完成的整个周期，但是在企业物流经营活动连续不断进行的情况下，难以对某一项物流经营活动确定经营期和单独计算成本。所以，实际工作中往往采用权责发生制原则，以月份作为成本计算期，但对于一些特殊的物流活动，也可以以经营周期作为成本计算期，例如远洋货物运输作业，其生产周期较长，往往以航次作为成本计算期。

（2）成本计算空间

成本计算空间是指成本费用发生并能组织企业成本计算的地点或区域（部门、单位、生产或劳务作业环节等），例如工业企业的成本计算空间可按全厂、车间、分厂、工段或某一生产步骤划分；服务性企业可按部门、分支机构或班组等单位来确定各个成本计算空间。

（3）成本费用承担实体

成本费用承担实体是指其发生并应合理承担各项费用的特定经营成果的体现形式，包括有形的各种产品和无形的各种服务作业。例如工业企业的某种、某批或某类产品；服务行业的某一经营项目；施工企业的某项工程；运输企业的运输劳务等。对于物流企业来讲，其成本费用承担实体主要是各种不同类型的物流活动或物流作业，如运输作业、仓储作业、配送作业、装卸搬运作业、包装作业等。

2. 物流成本核算对象的选取

根据对物流成本核算三个基本构成要素的分析，结合企业物流成本管理的基本要求，企业物流成本核算对象的选取有以下几种情况：

（1）形态别物流成本核算

形态别物流成本核算是指以物流费用的支付形态为成本核算对象所进行的物流成本核算，具体内容如下：

1）本企业支付物流费计算。本企业支付物流费计算分为企业内部物流费和委托物流费计算两种。企业内部物流费计算，即汇总、归集企业内部进行各项物流活动所发生的物流费用；委托物流费计算，即汇总和归集企业委托外单位进行物流活动所支付的各项费用。

2）其他企业支付物流费计算，包括供应企业支付物流费计算和销售企业支付物流费计算。

形态别物流成本的核算是企业物流成本核算的基础。通过形态别物流成本核算，可以为制定标准物流成本和编制物流成本预算提供资料，可以为企业进行有关的决策提供资料。例如，企业物流活动是否委托外单位进行，企业应该采用何种交货方式采购物料或销售产品等。

（2）功能别物流成本核算

功能别物流成本核算是指以物流活动的功能为成本核算对象所进行的物流成本核算，即对企业一定时期的物流费用按其发生用途不同进行分类、归集。

通过功能别物流成本核算，可以了解物流成本的功能别构成，便于更好地协调物流各环节的关系。各功能成本的计算可通过各功能的成本计算表进行，并在此基础上进一步汇总各功能成本计算表的资料，编制整个企业的物流成本汇总表。

（3）范围别物流成本核算

范围别物流成本核算是指以物流活动的范围为成本核算对象所进行的物流成本核算，即对企业一定时期的物流费用按发生于物流活动的不同过程所进行的汇总、归集。

通过范围别物流成本核算，便于发现不同过程物流活动中所存在的问题，分清有关部门对此应负的责任，并为不同过程物流活动的协调、控制提供依据。在进行范围别物流成本核算时，凡是发生在某一物流过程的物流费用都必须计入该过程的物流成本中，以便据此考核其负责部门的工作业绩。例如，凡是在物料供应过程中发生的物流费用都应计入供应物流费中。范围别物流成本核算可通过各物流范围物流费用汇总表进行，并在此基础上可进一步编制企业物流成本汇总表。

除了以上三种基本的选取方法外，还可以采用制品别物流成本核算、地域别物流成本核算、成本性态物流成本核算、责任物流成本核算、特殊物流成本核算等方法进行物流成本计算对象的选取。

二、物流成本核算的内容

为了使物流成本形成易于控制和测量的财务报告，物流成本核算内容可以从支付形态、物流范围、物流功能三个方面来分类计算。

1. 按支付形态分类

按支付形态的不同进行物流成本的分类，是以财务会计中发生的费用为基础，将物流成本分为本企业支付的物流费和其他企业支付的物流费，其中企业本身的物流费分为材料费、人工费、公益费、维护费、一般经费、特别经费、委托物流费及其他企业支付费用等，具体内容如下：

（1）材料费

材料费是指因物料消耗而发生的费用，由物资材料费、燃料费、消耗性工具、低值易耗品摊销及其他物料消耗费构成。

（2）人工费

人工费是指因劳动力的消耗而发生的费用，包括工资、奖金、补贴、津贴、福利费、医药费、劳保费、职工教育培训费及其他一切用于职工的费用。

（3）公益费（物业管理费）

公益费是指向公益事业提供的公益服务支付的费用，包括电费、煤气费、自来水费、暖气费、绿化费及其他费用。

（4）维护费

维护费是指土地、房屋建筑物、机械设备、运输工具、搬运工具等固定资产的使用、运转和维修保养所发生的费用，包括维修保养费、折旧费、租赁费、保险费，还包括为这些固定资产每年缴纳的房产税、车船使用税、城镇土地使用税等税金。

（5）一般经费

一般经费是指差旅费、交通费、会议费、书报资料费、文具费、零星购进费、邮电费、城市维护建设税、教育费附加等，还包括商品损耗费、事故处理费及其他杂费等一般项目支出。

（6）特别经费

特别经费是指采用不同于财务会计的计算方法计算出来的费用，包括企业内利息和按实际使用年限计算的折旧费等。

（7）委托物流费

委托物流费是指将物流业务委托给第三方物流企业时向其支付的费用，包括企业对外支付的包装费、运费、保管费、装卸费、出入库手续费、特殊服务费等。

（8）其他企业支付费用

企业在商品购进采用送货制时包含在购买价格中的运费和商品销售采用提货制时因客户取货而从销售价格中扣除的运费，在这些情况下，虽然实际上本企业内并未发生配送活动，但却发生了配送费用，应把其作为物流成本计算在内。

由于我国现在财务会计核算时没有单独设置“物流成本”会计科目，要准确掌握物流成本，就必须以企业财务会计为基础，从财务会计核算的全部相关项目中抽出其中所包含的物流费用。这虽然是物流成本核算中最困难的工作，却是最为重要的基础工作。

2. 按物流范围分类

物流成本按照物流范围可以分为供应物流费、生产物流费、销售物流费、退货物流费和废弃物物流费共5种。

(1) 供应物流费

供应物流费是指从商品（包括容器、包装材料）采购直到批发商、零售商进货为止的物流过程中所产生的费用。

(2) 生产物流费

生产物流费是指企业在生产产品时，由于材料、半成品、成品的位置转移而发生的搬运、配送、发料、收料等物流过程中所需要花费的费用。

(3) 销售物流费

销售物流费是指从确定销售对象开始，直到商品送交客户为止的物流过程中所需要的费用，包括包装、商品出库、配送等费用。

(4) 退货物流费

退货物流费是指材料、容器等由销售对象回收至本企业的物流过程中所需要的费用。

(5) 废弃物物流费

废弃物物流费是指在商品、包装材料、运输容器的废弃过程中产生的物流费用。

3. 按物流功能分类

按照物流功能可以分为物品流通费、信息流通费和物流管理费三大类。

(1) 物品流通费

物品流通费是指为完成商品、物资的物理性流通而发生的费用，该部分费用还可进一步细分为包装费、运输费、保管费、装卸搬运费、流通加工费和配送费等。

1）包装费是指因商品运输、装卸、保管的需要而进行包装的费用，即运输包装费。为销售商品而发生的包装费不包括在内。

2）运输费是指把商品从某一场所转移到另一场所所需要的运输费用。除了委托运输费外还包括由本企业的自有运输工具进行运输的费用，但要将伴随运输的装卸费除外。

3）保管费是指一定时期内因保管商品而需要的费用。除了包括委托储存的仓储费外，还包括在本企业自有仓库储存时的保管费。

4）装卸搬运费是指伴随商品包装、运输、保管、流通加工等业务而发生的商品在一定范围内进行水平或垂直移动所需要的费用，可以分为包装装卸费、运输装卸费、保管装卸费和流通加工装卸费等。如果在实际业务中单独计算装卸费或进行这种分离很困难，也可以将装卸费分别计算在相应的费用中。

5）流通加工费是指在商品流通过程中为提高物流的效率而进行的商品加工所需要的费用。物流中的流通加工费不包括流通交易及生产职能的加工费用。流通过程中的加工活动可以分为属于物流的流通加工、属于商流的流通加工和属于生产的流通加工。尽管从理论上讲应该把只属于物流加工的费用计入物流成本中，但在实际业务中难以将其与其他流通加工的费用分开时，或从管理上讲不分离更方便时，也可将这些费用计入物流成本中。

6）配送费是指按客户要求的商品品种和数量，在配送中心进行分拣、配装后将商品送交客户的过程中所产生的费用。包括包装、分拣、配货、装卸、短途运输等费用。

(2) 信息流通费

信息流通费是指因处理、传输有关的物流信息而产生的费用。包括与订货处理、储存处理、为客户服务等有关的费用。在企业中，要将传输、处理的信息分为与物流有关的信息和物流以外的信息是十分困难的，但是把信息的传输处理所需要的费用进行上述分类，从物流成本的计算上讲却是十分重要的。

（3）物流管理费

物流管理费是指进行物流的计划、调整、控制、监督、考核等活动所需要的费用。它既包括企业物流管理部门的管理费，也包括作业现场管理费。

实际进行物流成本核算时，企业应根据物流管理的目的来确定核算对象，然后按核算程序依次进行。

三、物流成本核算的过程与步骤

从企业财务会计核算的全部相关科目中抽出所包含的物流成本，然后以表格的形式从不同角度逐步计算出各类物流成本。计算过程分为两步：先分类计算物流成本，然后编制各物流功能成本计算表。具体内容如下：

1. 分类计算物流成本

按支付形态不同分类，将物流成本从相关科目中抽出，并进行计算。

（1）材料费的计算

材料费可以通过用各种材料的实际消耗量乘以实际的购进价格来计算。材料的实际消耗量可以按物流成本计算期末统计的材料支出数量计算，在难以通过材料支出单据进行统计时，也可以采用盘存计算法，即：

本期消耗量＝期初结存＋本期购进－期末结存

材料的购进价格应包括材料的购买费、进货运杂费、保险费、关税等。

（2）人工费的计算

在计算人工费的本期实际支付额时，报酬总额按计算期内支付给从事物流活动人员的报酬总额或按整个企业职工的平均报酬额计算。职工劳动保护费、保险费、按规定提取的福利基金、职工教育培训基金及其他费用等都需要从企业这些费用项目总额中把用于物流人员的费用部分抽出来。如果实际费用难以抽出计算时，也可将这些费用的总额按从事物流活动的职工人数比例分摊到物流成本中。

（3）公益费的计算

如果企业具备条件，每一物流设施都应安装记数表直接计算，但对没有条件安装计量仪表的企业，此部分费用可以从整个企业支出的公益费中按物流设施的面积和物流人员的比例计算得出。

（4）维护费的计算

维护费根据本期实际发生额计算，对于经过多个期间统一支付的费用（如租赁费、保险费等），可按期间分摊计入本期相应的费用中。对于物流业务中可以按业务量或物流设施来掌握和直接计算的物流费，在可能的限度内直接计算出维护费，对于不能直接计算出来的可以根据建筑物面积和设备金额等分摊到物流成本中。

折旧费应根据固定资产的原值和经济使用年限，以残值为零，采用使用年限法计算，计算公式为：

固定资产年折旧额＝固定资产原值/固定资产预计经济使用年限

固定资产月折旧额＝固定资产年折旧额/12

对于有些按固定资产实际使用年限计提折旧的物流固定资产，其折旧额属于特别经费这一支付形态项目中。对于使用年限长且有价格变动的物流固定资产折旧，可根据实际情况采用重置价格计算。

（5）一般经费的计算

一般经费相当于财务会计中的一般管理费用。其中，对于差旅费、交通费、会议费、资料费等使用目的明确的费用，直接计入物流成本。对于一般经费中不能直接计入物流成本的，可按职工人数或设备比例分摊到物流成本中。

（6）特别经费的计算

企业内部物流利息在物流成本计算中采用与财务会计不同的计算方法。企业内部物流利息实际上是物流活动所占用的全部资金的资金成本。由于这部分资金成本不是以银行利率而是以企业内部利率来计算，所以称为企业内部物流利息。

利息在财务会计中是以有利率负债的金额为基础，根据融资期间和规定的利率来计算的。但在物流成本的计算中，企业内部物流利息包括固定资产占用的利息和存货占用的利息。对固定资产占用的利息是以固定资产的评估价格为基础乘以企业内部利率，对存货占用的利息是以存货账面价值为基础，根据期末余额和企业内部利率来计算的。这样计算的理由是：第一，固定资产的评估价格是比较接近于时价的，而且是公允地确定的资产价值，这样就比利用固定资产原值或利用固定资产时价计算更加科学合理。第二，存货的周转率很高，即使直接使用账面价值，也可以自动排除由通货膨胀带来的影响。第三，企业内部利息以资本成本的形式计算，作为附加成本加到物流成本中，就可以恰如其分地计算出物流成本，同时还可以降低资本利息，进而有效地利用物流资产。

企业内部物流利息仅是以管理会计中资本成本形式加到成本中的，实质上是对物流占用资产的一种以整个企业内部平均利息率来计算的资本成本，因而它与实际支付的利息不同。

（7）委托物流费的计算

委托物流费根据本期实际发生额计算，包括托运费、市内运输费、包装费、装卸费、保管费、出入库费、委托物流加工费等。除此以外的间接委托的物流费按一定标准分摊到各功能的费用中。

（8）其他企业支付物流费的计算

其他企业支付的物流费虽然不是本企业的物流费支付，但对购进商品来讲，实际上已经将商品从产地运到销售地点的运费、装卸费等物流费用包含在进货价格中，如果到商品产地购进，则这部分物流费显然是要由本企业支付的。对于销售的商品，买方提货所支付的运费也相当于扣减了销售价格，如果销售的商品采用送货制，则这部分物流费也要由本企业支付。因此，其他企业支付的物流费实际上是为了弥补由本企业承担的物流费而计入物流成本的。

其他企业支付的物流费，以本期发生购进对其他企业支付和发生销售对其他企业支付物流费的商品质量或件数为基础，乘以费用估价来计算，但当本企业也承担与此相当的物流费

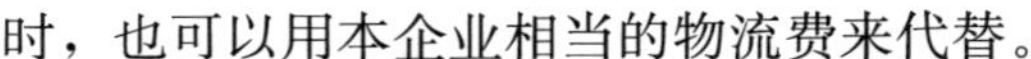
时，也可以用本企业相当的物流费来代替。

2. 编制各物流功能成本计算表

根据计算物流成本的需要，将以上通过计算得出的数据资料编制各物流功能的成本计算表。企业物流的运输费、保管费等每一种功能分别编制一张物流成本计算表。如果把所有的功能都作为成本核算对象，则要编制七张成本计算表。如果只计算其中某几项功能的费用，可根据实际需要进行填制。

3. 汇总编制物流成本计算表

根据编制出的各物流功能成本计算表汇总编制物流成本计算表，可以分别按照形态别、范围别，形态别、功能别，范围别、功能别等依据编制相应的物流成本计算表，从而逐步分析哪项物流功能成本最高及其出现的物流环节，还能分析出销售额与物流成本的比例关系，分析企业物流成本的合理性，借以改善企业物流成本管理。

下面以某公司的实际例子，讲解物流成本核算的过程与步骤。

从某公司月度损益表中“管理费用”“财务费用”“营业费用”等各个项目中，经分析计算取出的物流部门费用，见表2—1—1。

表2—1—1　　物流费用计算表

项目	管理、财务、营业等费用（元）	物流成本（元）	计算基准（%）	备注
车辆租赁费	100 080	100 080	100	金额
包装材料费	30 184	30 184	100	金额
工资津贴费	631 335	178 668	28.3	人数比
水电汽暖费	12 645	6 664	52.7	面积比
保险费	10 247	5 400	52.7	面积比
修缮维护费	19 596	10 327	52.7	面积比
折旧费	39 804	20 977	52.7	面积比
税金	28 114	14 816	52.7	面积比
办公费	19 276	8 115	42.1	物流费用比
低值易耗品费	21 316	8 974	42.1	物流费用比
资金占用利息	23 861	10 045	42.1	物流费用比
通信费	10 366	4 364	42.1	物流费用比
CP软件租赁费	17 748	7 472	42.1	物流费用比
物流成本合计	964 572	406 086	42.1	物流费占费用总额比率

（1）表中计算基准的计算公式

表2—1—1数据是一定数值乘以一定比率（物流部门比率、分别按人数平均、台数平均、面积平均、时间平均等）算出的。

1）人数比＝物流部门人员数/全公司人数＝36/127＝0.283

2）面积比＝物流部门设施面积/全公司面积＝3 093/5 869＝0.527

3）物流费用比＝1～8 项物流成本/1～8 项管理财务营业费用＝367 116/872 005＝0.421

（2）物流成本资料分析

根据会计账簿记录和其他相关资料，表 2—1—1 中各项物流成本资料分析如下：

1）公司供应和销售物流共同费用的分配比为 1∶2，运输、装卸、物流管理、通信费和 CP 软件租赁费等费用由供应和销售物流共同负担。

2）车辆租赁费为公司运输部门所发生的费用。本月运输部门提供物流运输劳务 3 200 吨/千米，其中采购材料耗用 1 200 吨/千米，产品销售耗用 2 000 吨/千米。

供应物流负担额＝100 080×1 200/3 200＝37 530 元

销售物流负担额＝100 080×2 000/3 200＝62 550 元

3）包装材料费 30 184 元为仓库实施包装作业所耗用。

4）工资津贴费 178 668 元按各物流作业职工人数进行分配。其中，包装作业 6 人、运输作业 12 人、保管作业 4 人、装卸作业 10 人、物流管理人员 4 人，物流作业职工一共 36 人。

包装作业的工资津贴费＝178 668×6/36＝29 778 元

运输作业的工资津贴费＝178 668×12/36＝59 556 元

供应物流负担额＝59 556×1/3＝19 852 元

销售物流负担额＝59 556×2/3＝39 704 元

保管作业的工资津贴费＝178 668×4/36＝19 852 元

装卸作业的工资津贴费＝178 668×10/36＝49 630 元

供应物流负担额＝49 630×1/3＝16 543 元

销售物流负担额＝49 630×2/3＝33 087 元

物流管理作业的工资津贴费＝178 668×4/36＝19 852 元

供应物流负担额＝19 852×1/3＝6 617 元

销售物流负担额＝19 852×2/3＝13 235 元

5）水电汽暖费 6 664 元为物流作业管理所耗用，其分配计算为：

供应物流负担额＝6 664×1/3＝2 221 元

销售物流负担额＝6 664×2/3＝4 443 元

6）保险费按各物流作业设施的账面价值分配。其中，包装设备价值为 480 000 元，运输设备价值为 1 740 000 元，保管设备价值为 987 000 元，装卸设备价值为 216 000 元，物流管理设备价值为 147 000 元，设备账面价值一共是 3 570 000 元。

包装作业的保险费＝5 400×480 000/3 570 000＝726 元

运输作业的保险费＝5 400×1 740 000/3 570 000＝2 632 元

供应物流负担额＝2 632×1/3＝877 元

销售物流负担额＝2 632×2/3＝1 755 元

保管作业的保险费＝5 400×987 000/3 570 000＝1 493 元

装卸作业的保险费＝5 400×216 000/3 570 000＝327 元

供应物流负担额＝327×1/3＝109 元

销售物流负担额＝327×2/3＝218 元

物流管理作业的保险费＝5 400×147 000/3 570 000＝222 元

供应物流负担额＝222×1/3＝74 元

销售物流负担额＝222×2/3＝148 元

7）修缮维护费和折旧费的发生和分配同保险费。计算如下：

包装作业的负担额＝(10 327＋20 977)×480 000/3 570 000＝4 209 元

运输作业的负担额＝(10 327＋20 977)×1 740 000/3 570 000＝15 257 元

供应物流负担额＝15 257×1/3＝5 086 元

销售物流负担额＝15 257×2/3＝10 171 元

保管作业的负担额＝(10 327＋20 977)×987 000/3 570 000＝8 655 元

装卸作业的负担额＝(10 327＋20 977)×216 000/3 570 000＝1 894 元

供应物流负担额＝1 894×1/3＝631 元

销售物流负担额＝1 894×2/3＝1 263 元

物流管理作业的负担额＝(10 327＋20 977)×147 000/3 570 000＝1 289 元

供应物流负担额＝1 289×1/3＝430 元

销售物流负担额＝1 289×2/3＝859 元

8）低值易耗品费可根据材料领料单分配确定。其中，包装作业耗用 2 896 元，保管作业耗用 3 756 元，管理部门耗用 2 322 元（供应物流负担 774 元，销售物流负担 1 548 元）。

9）办公费为物流作业管理发生，其分配计算为：

供应物流负担额＝8 115×1/3＝2 705 元

销售物流负担额＝8 115×2/3＝5 410 元

10）资金占用利息 10 045 元为公司存货资金所占用的利息。

11）税金为房产税、车船使用税、土地使用税等，分配方法同保险费。计算如下：

包装作业的税金＝14 816×480 000/3 570 000＝1 992 元

运输作业的税金＝14 816×1 740 000/3 570 000＝7 221 元

供应物流负担额＝7 221×1/3＝2 407 元

销售物流负担额＝7 221×2/3＝4 814 元

保管作业的税金＝14 816×987 000/3 570 000＝4 096 元

装卸作业的税金＝14 816×216 000/3 570 000＝896 元

供应物流负担额＝896×1/3＝299 元

销售物流负担额＝896×2/3＝597 元

物流管理作业的税金＝14 816×147 000/3 570 000＝610 元

供应物流负担额＝610×1/3＝203 元

销售物流负担额＝610×2/3＝407 元

12）通信费 4 364 元和 CP 软件租赁费 7 472 元为信息流通费，其分配计算为：

供应物流负担额＝(4 364＋7 472)×1/3＝3 945 元

销售物流负担额＝(4 364＋7 472)×2/3＝7 891 元

13）本月公司支付的委托物流费为 120 840 元，其中购买材料的市内运输费为 48 040 元，仓库保管费为 72 800 元。

14）本月外企业支付物流费为 56 340 元。其中，本月发生购进对其他企业支付的物流费（运费）为 34 260 元，本月发生销售对其他企业支付的物流费（运费）为 22 080 元。

（3）编制分项物流活动成本计算表

假设上述公司的物流功能包括包装、运输、保管、装卸、信息流通和物流管理六个方面，则根据上述分析计算资料编制的包装费、运输费、保管费、装卸费、信息流通费和物流管理费成本计算表，分别见表 2—1—2～表 2—1—7。

表 2—1—2　　包装费计算表　　元

支付形态＼范围				供应物流费	企业内物流费	销售物流费	退货物流费	废弃物物流费	合计
企业物流费	本企业支付的物流费	企业本身物流费	材料和低值易耗品费		33 080				33 080
			人工费		29 778				29 778
			维护费		6 927				6 927
			一般经费						
			特别经费						
			企业本身物流费		69 785				69 785
		委托物流费							
		本企业支付的物流费			69 785				69 785
	外企业支付的物流费								
	企业物流费总计				69 785				69 785

表 2—1—3　　运输费计算表　　元

支付形态＼范围				供应物流费	企业内物流费	销售物流费	退货物流费	废弃物物流费	合计
企业物流费	本企业支付的物流费	企业本身物流费	材料和低值易耗品费						
			人工费	19 852		39 704			59 556
			维护费	45 900		79 290			125 190
			一般经费						
			特别经费						
			企业本身物流费	65 752		118 994			184 746
		委托物流费		48 040					48 040
		本企业支付的物流费		113 792		118 994			232 786
	外企业支付的物流费			34 260		22 080			56 340
	企业物流费总计			148 052		141 074			289 126

表 2—1—4　　**保管费计算表**　　元

支付形态＼范围				供应物流费	企业内物流费	销售物流费	退货物流费	废弃物物流费	合计
企业物流费	本企业支付的物流费	企业本身物流费	材料和低值易耗品费		3 756				3 756
			人工费		19 852				19 852
			维护费		14 244				14 244
			一般经费						
			特别经费		10 045				10 045
			企业本身物流费		47 897				47 897
		委托物流费			72 800				72 800
		本企业支付的物流费			120 697				120 697
	外企业支付的物流费								
	企业物流费总计				120 697				120 697

表 2—1—5　　**装卸费计算表**　　元

支付形态＼范围				供应物流费	企业内物流费	销售物流费	退货物流费	废弃物物流费	合计
企业物流费	本企业支付的物流费	企业本身物流费	材料和低值易耗品费						
			人工费	16 543		33 087			49 630
			维护费	1 039		2 078			3 117
			一般经费						
			特别经费						
			企业本身物流费	17 582		35 165			52 747
		委托物流费							
		本企业支付的物流费		17 582		35 165			52 747
	外企业支付的物流费								
	企业物流费总计			17 582		35 165			52 747

表 2—1—6　　**信息流通费计算表**　　元

支付形态＼范围				供应物流费	企业内物流费	销售物流费	退货物流费	废弃物物流费	合计
企业物流费	本企业支付的物流费	企业本身物流费	材料和低值易耗品费						
			人工费						
			维护费						
			一般经费	3 945		7 891			11 836
			特别经费						
			企业本身物流费	3 945		7 891			11 836

续表

支付形态＼范围	供应物流费	企业内物流费	销售物流费	退货物流费	废弃物物流费	合计
委托物流费						
本企业支付的物流费	3 945		7 891			11 836
外企业支付的物流费						
企业物流费总计	3 945		7 891			11 836

表 2—1—7　　物流管理费计算表　　元

支付形态＼范围	供应物流费	企业内物流费	销售物流费	退货物流费	废弃物物流费	合计
企业物流费／本企业支付的物流费／企业本身物流费：材料和低值易耗品费	774		1 548			2 322
人工费	6 617		13 235			19 852
维护费	708		1 414			2 122
一般经费	4 926		9 853			14 779
特别经费						
企业本身物流费	13 025		26 050			39 075
委托物流费						
本企业支付的物流费	13 025		26 050			39 075
外企业支付的物流费						
企业物流费总计	13 025		26 050			39 075

（4）汇总编制全公司的物流成本计算表

1）根据各物流功能成本计算表，汇总编制整个公司的物流成本计算表，见表 2—1—8。

表 2—1—8　　物流成本计算表（形态别、范围别）　　元

支付形态＼范围	供应物流费	企业内物流费	销售物流费	退货物流费	废弃物物流费	合计
企业物流费／本企业支付的物流费／企业本身物流费：材料和低值易耗品费	774	36 836	1 548			39 158
人工费	43 012	49 630	86 026			178 668
维护费	47 647	21 171	82 782			151 600
一般经费	8 871		17 744			26 615
特别经费		10 045				10 045
企业本身物流费	100 304	117 682	188 100			406 086
委托物流费	48 040	72 800				120 840
本企业支付的物流费	148 344	190 482	188 100			526 926
外企业支付的物流费	34 260		22 080			56 340
企业物流费总计	182 604	190 482	210 180			583 266

2）按物流功能、支付形态分类计算物流成本。如果需要了解按物流功能、支付形态分类的物流成本的支出情况时，可以将按物流形态别、功能别编制的物流成本计算表支付形态项目的合计数进行汇总，见表2—1—9。

表2—1—9　　物流成本计算表（形态别、功能别）　　元

支付形态＼功能				物品流通费				信息流通费	物流管理费	合计
				包装费	运输费	保管费	装卸费			
企业物流费	本企业支付的物流费	企业本身物流费	材料和低值易耗品费	33 080		3 756			2 322	39 158
			人工费	29 778	59 556	19 852	49 630		19 852	178 668
			维护费	6 927	125 190	14 244	3 117		2 122	151 600
			一般经费					11 836	14 779	26 615
			特别经费			10 045				10 045
			企业本身物流费	69 785	184 746	47 897	52 747	11 836	39 075	406 086
		委托物流费			48 040	72 800				120 840
		本企业支付的物流费		69 785	232 786	120 697	52 747	11 836	39 075	526 926
	外企业支付的物流费				56 340					56 340
	企业物流费总计			69 785	289 126	120 697	52 747	11 836	39 075	583 266

3）求出按物流范围、功能分类的物流成本。如果需要计算出按物流范围、功能分类的物流成本，同样可以将按物流形态别、范围别编制的物流成本计算表物流范围项目的合计数进行汇总，编制按物流范围别、功能别的物流成本计算表，见表2—1—10。

表2—1—10　　物流成本计算表（范围别、功能别）　　元

范围＼功能	物品流通费				信息流通费	物流管理费	合计
	包装费	运输费	保管费	装卸费			
供应物流费		148 052		17 582	3 945	13 025	182 604
企业内物流费	69 785		120 697				190 482
销售物流费		141 074		35 165	7 891	26 050	210 180
退货物流费							
废弃物物流费							
合计	69 785	289 126	120 697	52 747	11 836	39 075	583 266
销售额							6 025 680
物流成本占销售额的比率							9.68%

计算物流成本时要注意，每进行一次物流成本计算，都要明确计算的范围，以使计算结果有可比性。明确计算范围的方法就是直接利用上述各种物流成本计算表，因为这些物流成本计算表能够计算出物流成本的总额。当实际计算过程中只计算部分成本时，同样可以利用这些成本计算表，只需将非计算对象的成本栏空出。这样，就能通过把本年度的计算结果与前一年的计算结果相比较的方法，看出计算范围上的差别。此外，由于物流成本计算的范围

明确了，在与其他企业进行比较或进行时间序列分析时，就可以消除因计算范围不同所引起的成本计算结果上的差别。

第二节　物流作业成本核算法

作业成本法是以成本动因理论为基础，通过对作业进行动态追踪，反映计量作业和成本对象的成本，是评价作业业绩和资源利用情况的一种成本核算和管理方法。

一、作业成本法的有关概念

1. 作业

作业是指企业为提供一定量的产品或劳务所消耗的人力、技术、原材料、方法和环境等的集合体。

作业是汇集资源耗费的第一对象，是资源耗费与产品成本之间的连接中介。物流作业包括运输作业、储存保管作业、包装作业、装卸搬运作业、流通加工作业、信息处理作业等。

2. 物流资源

物流资源表明了作业所消耗的成本资源。如物流流通加工是加工车间的一个作业，特定的机器、工具、人员等就是使这项工作顺利进行的资源。当一项资源只服务于一种作业时，分配成本到相应的作业比较简单。当一项资源服务于多个作业时，就必须通过资源动因把资源的消耗恰当地分配给相应的作业。

3. 成本动因

成本动因是导致成本发生的各种因素，也称成本驱动因素。它是引起成本产生和变动的原因，或者说是决定成本发生额与作业消耗量之间内在数量关系的根本因素。例如，直接人工工时、机器小时、产品数量、生产准备次数、材料移动次数、返工数量、订购次数、收取订单数量、检验次数等。成本动因按其对作业成本的形成及其在成本分配中的作用可分为资源动因和作业动因两种。

(1) 资源动因

资源动因也称作业成本计算的第一阶段动因，主要用于在各作业中心内部成本库之间分配资源。按照作业成本会计的规则，作业量的多少决定着资源的耗用量，资源耗用量的多少与作业量有直接关系，与最终的产品量没有直接关系，资源消耗量与作业量的这种关系称为资源动因。

资源动因反映着资源被各种作业消耗的原因和方式，反映某项作业或某组作业对资源的消耗情况，是将资源成本分配到作业中去的基础。例如，搬运设备所消耗的燃料，直接与搬运设备的工作时间、搬运次数或搬运量有关，因此可以把设备的工作时间、搬运次数或搬运量作为该项作业成本的资源动因。

(2) 作业动因

作业动因也称作业成本计算的第二阶段动因，主要用于将各作业中心成本库中的成本在各产品之间进行分配，是各项作业被最终产品消耗的原因和方式。它反映的是产品消耗作业的情况，是将作业中心的成本分配到产品、劳务或客户中的标准，是资源消耗转化为最终产出成本的中介。例如，机器包装作业的多少取决于要钻孔的数量，可以按机器包装服务的产品实际钻孔数量把机器包装作业成本分配给各种产品，其中钻孔数量就是机器包装作业成本的作业动因。

4. 作业中心与作业成本库

作业中心是成本归集和分配的基本单位，由一项作业或一组性质相似的作业所组成。

一个作业中心就是生产流程的一个组成部分。根据管理要求，企业可以设置若干个不同的作业中心，其设立方式与成本责任单位相似。但作业中心的设立是以同质作业为原则，是相同的成本动因引起的作业的集合。例如，为保证产品质量，对 A 产品所花费的质量监督成本与对 B 产品所花费的质量监督成本虽然不同，但它们都是由监督时所消耗的时间引起的，因而性质相同，可以归集到一个作业成本中心中。

由于作业消耗资源，所以伴随作业的发生，作业中心也就成为一个资源成本库，也称作业成本库。

二、作业成本法的基本原理

作业成本法最初是作为一种正确分配制造费用、准确计算产品制造成本的方法而提出的，其基本思想是在资源和产品之间引入一个中介——作业。产品的生产要受不同作业活动的影响，由于不同作业活动消耗资源费用的水平不同，因而不能把耗用的资源按产量等因素均衡地分配到产品中，而应先按作业活动归集发生的间接费用，然后根据决定或影响作业活动发生的因素，将其分配给不同产品。其基本原则是：产品消耗作业，作业消耗资源，即生产导致作业的产生，作业导致成本的发生。作业成本法首先以作业为间接费用归集对象，归集间接费用，形成作业成本，再按不同作业的形成原因（成本动因），将其逐一分配到产品或产品线中，计算程序如图 2—2—1 所示。

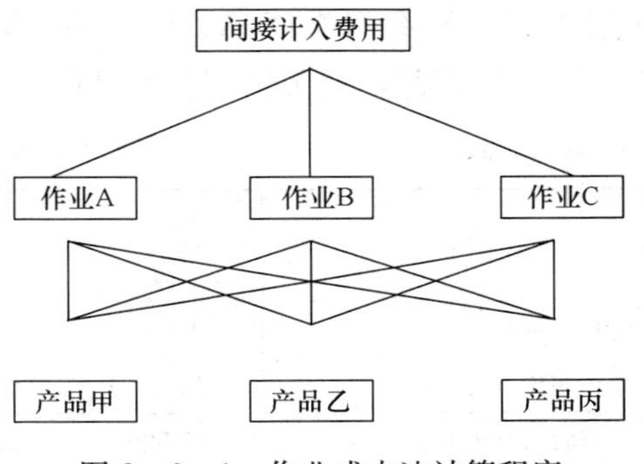

图 2—2—1　作业成本法计算程序

三、作业成本法的特点

1. 以作业为间接费用归集对象，并将作业成本作为计算产品成本的基础

该方法首先汇集各作业中心耗费的各种资源，再将各作业中心的成本按各自的成本动因分配到各成本计算对象。

2. 注重间接费用的归集和分配

设置多样化的作业成本库，并采用多样化的成本动因作为成本分配标准，使间接费用的归集更细致、更全面，从而提高了成本费用的归属性和产品成本的准确性。作业成本法将直接费用和间接费用都视为产品消耗作业所付出的代价，同等对待。对直接费用的确认和分配，与传统成本计算方法并无差别；对间接费用的分配则依据作业成本动因，采用多样化的分配标准，从而使成本的可归属性大大提高，而传统的成本计算只采用单一的标准进行间接费用的分配，无法正确反映不同产品生产中不同技术因素对费用发生的不同影响。因此，从间接费用分配的准确性来讲，作业成本法计算的成本信息比较客观、真实、准确。

3. 关注成本发生的因果关系

由于产品的技术要求、项目种类、工艺复杂程度不同，其耗用的间接费用也不同，但传统成本计算法认为产品是根据其产量均衡地消耗企业的资源。因此，在传统成本法下，产量高、生产工艺复杂的产品的成本往往低于其实际耗用成本。而作业成本法，先确定产品要消耗哪些作业，再确定生产作业消耗了何种资源，进而直接追踪作业发生的决定因素，是以作业动因将归集在作业成本库中的间接费用分配到产品成本中，不是依产量均衡地分配。作业成本管理把着眼点放在成本发生的前因后果上，通过对所有作业活动进行跟踪动态反映，可以更好地发挥决策、计划和控制作用，以促进企业管理的不断提高。

四、作业成本法的核算程序

作业成本法核算程序如图 2—2—2 所示，下面以某企业的实际例子，来讲解其计算过程。

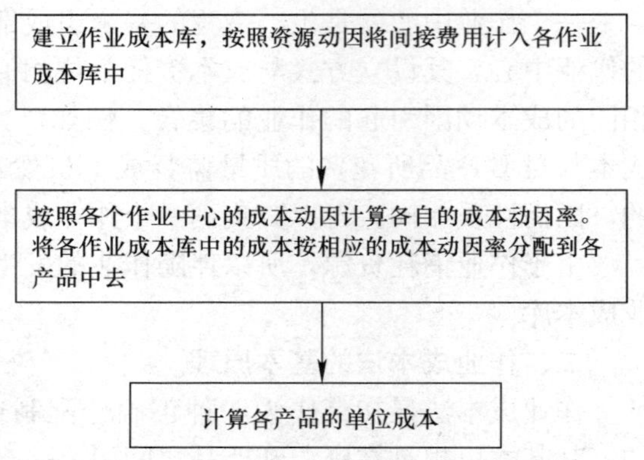

图 2—2—2　作业成本法核算程序

某企业有 X、Y 两个生产部门，各生产两种产品，X 部门生产 A、B 产品，Y 部门生产 C、D 产品，有关这四种产品的销售情况及成本资料详见表 2—2—1。

表 2—2—1　　某企业的销售情况及成本资料

产品	X 部门			Y 部门		
	A	B	合计	C	D	合计
销量（件）	1 000	800		1 000	500	
单位售价（元）	27.50	30.00		30.00	35.00	
销售收入（元）	27 500	24 000	51 500	30 000	17 500	47 500
成本（元）			21 000			20 500
直接材料	10 000	6 400	16 400	9 000	7 500	16 500
直接人工	3 000	1 600	4 600	3 000	1 000	4 000
制造费用（元）						
生产准备（元）	1 370					
生产监督（元）	2 400					
机器耗费（元）	19 800					
制造费用合计（元）	23 570					
服务部门耗费成本（元）						
购货	4 440					
仓储和发货	3 100					
动力	3 300					
服务成本合计	10 840					
销售费用（元）	7 920					

已知 A、B、C、D 四种产品属同类型产品，该企业将其售价定在 30 元左右。因 A 产品是按照与某一客户的长期产销合同生产的，因而以下浮 2.50 元的协商价作为其售价，期末无存货；B、C 产品是为一些不固定客户生产的，有少量存货以备临时销售之需；D 产品的生产较其他产品在花色、款式、技术方面有特殊要求，且生产完工后全部运往仓库，由仓库根据客户订单再发出商品，因而 D 产品的售价上浮 5 元。要求：以作业成本法来分别计算这四种产品的成本及其利润。

第一步：建立作业成本库，按不同的作业成本库归集成本。

首先确定企业所发生的各个作业量，并按不同的作业成本库归集成本。先考虑制造费用的各个组成部分。很显然，机器耗费 19 800 元占制造费用的绝大部分，所以机器作业是生产过程中的主要成本耗费；生产准备作业包括为各批产品生产做好相应的机器准备活动；生产监督作业包括为使机器正常运转提供连续不断的物质保证及其他与生产有关的事项。这些作业构成了三个单独的作业成本库。再考虑服务部门，通过分析了解到，采购部门的作业由两部分组成：订购事项和材料处理。其中，订购事项作业包括与取得原材料供应有关的各种人员的作业，而材料处理作业包括的则是与收到原材料有关的一系列确认、整理、移动等作业，根据以往经验，订购事项费用一般占采购费用的 10%左右；仓储和发货部门的作业也由两部分组成：完工产品的存储和根据客户订单发出商品，仓储和发货成本一共是 3 100 元，根据实际情况分配给仓储费用 1 600 元，发货费用 1 500 元；动力部门的作业只有一项，即为机器正常运转提供动力。最后一项作业是为取得销售订单而发生的销售费用。以上这些作业构成了企业的作业成本库，按照这些作业所实际消耗的资源将总成本 42 330 元（制造费用 23 570 元、服务部门间接计入费用 10 840 元、销售费用 7 920 元）分别归集到各作业成本库中，计算结果详见表 2—2—2。

表 2—2—2　　作业成本计算表（一）　　元

作业成本库（按实际消耗归集）	费用
生产准备	1 370
生产监督	2 400
机器耗费	19 800
订购事项	440
材料处理	4 000
完工产品存储	1 600
发出商品	1 500
动力	3 300
销售	7 920

第二步：将各作业成本库中的成本按相应的成本动因率分配到各产品中去。

通过对各产品生产特性及其与各作业的关系的分析，为以上几种作业找出了相对应的成本动因，并为四种产品计算出了各自的成本动因率，详见表 2—2—3。

表 2—2—3　　作业成本计算表（二）

成本动因	A	B	C	D
批量生产规模（件）	100	50	100	25
批量生产次数（次）	10	16	10	20
准备时间（小时）	1.5	2	1	4
每期监督时间（小时）	75	40	75	50
每单位产品机器小时（小时）	0.5	0.5	0.5	0.5
每期定货（次）	10	20	20	60
每单位产品原材料投入（千克）	2	5	2	4
平均库存量（件）	0	100	100	200
每期发出商品次数（次）	10	40	50	200
每期销售人员所需销售时间（小时）	32	160	200	400

在此基础上，计算各作业中心的成本动因率，然后列表计算分配到各产品中去的作业成本，详见表 2—2—4。

生产准备作业中心的成本动因率：

成本动因率＝生产准备成本/生产准备时间
＝1 370/(1.5×10＋2×16＋1×10＋4×20)
＝10 元/小时

生产监督作业中心的成本动因率：

成本动因率＝生产监督成本/生产监督时间
＝2 400/(75＋40＋75＋50)
＝10 元/小时

机器耗费作业中心的成本动因率：

成本动因率＝机器耗费成本/机器小时
＝19 800/(0.5×1 000＋0.5×800＋0.5×1 000＋0.5×500)
＝12 元/小时

订购事项作业中心的成本动因率：

成本动因率＝订购事项成本/每期定货次数
＝440/(10＋20＋20＋60)＝4 元/次

材料处理作业中心的成本动因率：

成本动因率＝材料处理成本/原材料投入
＝4 000/(2×1 000＋5×800＋2×1 000＋4×500)
＝0.4 元/千克

完工产品存储作业中心的成本动因率：

成本动因率＝完工产品存储成本/平均库存量
＝1 600/(0＋100＋100＋200)＝4 元/件

发出商品作业中心的成本动因率：

成本动因率＝发出商品成本/发出商品次数

=1 500/(10+40+50+200)=5 元/次

动力作业中心的成本动因率：

成本动因率=动力成本/机器小时

=3 300/(0.5×1 000+0.5×800+0.5×1 000+0.5×500)

=2 元/小时

销售作业中心的成本动因率：

成本动因率=销售成本/销售时间

=7 920/(32+160+200+400)

=10 元/小时

表 2—2—4　　作业成本计算表（三）　　元

作业成本	成本动因率	产品				
		A	B	C	D	合计
生产准备	10 元/小时	1.5×10×10=150	2×16×10=320	1×10×10=100	4×20×10=800	1 370
生产监督	10 元/小时	75×10=750	40×10=400	75×10=750	50×10=500	2 400
机器耗费	12 元/小时	0.5×1 000×12=6 000	0.5×800×12=4 800	0.5×1 000×12=6 000	0.5×500×12=3 000	19 800
订购事项	4 元/次	10×4=40	20×4=80	20×4=80	60×4=240	440
材料处理	0.4 元/千克	2×1 000×0.4=800	5×800×0.4=1600	2×1 000×0.4=800	4×500×0.4=800	4 000
完工产品存储	4 元/件	0	100×4=400	100×4=400	200×4=800	1 600
发出商品	5 元/次	10×5=50	40×5=200	50×5=250	200×5=1 000	1 500
动力	2 元/小时	0.5×1 000×2=1 000	0.5×800×2=800	0.5×1 000×2=1 000	0.5×500×2=500	3 300
销售	10 元/小时	32×10=320	160×10=1 600	200×10=2 000	400×10=4 000	7 920

第三步：计算各产品的单位成本，详见表 2—2—5。

表 2—2—5　　作业成本计算表（四）　　元

单位产品资料	A	B	C	D
直接材料	10.00	8.00	9.00	15.00
直接人工	3.00	2.00	3.00	2.00
生产准备	0.15	0.40	0.10	1.60
生产监督	0.75	0.50	0.75	1.00
机器耗费	6.00	6.00	6.00	6.00
订购事项	0.04	0.10	0.08	0.48
材料处理	0.80	2.00	0.80	1.60
完工产品存储	0.00	0.50	0.40	1.60
发出商品	0.05	0.25	0.25	2.00
动力	1.00	1.00	1.00	1.00
销售费用	0.32	2.00	2.00	8.00
总单位成本	22.11	22.75	23.38	40.28
销售单价	27.50	30.00	30.00	35.00
单位产品利润	5.39	7.25	6.62	−5.28

对于采用作业成本法计算的各个产品的单位成本和单位产品利润，可以和现在的成本计算法计算出来的相应数据进行对比，以揭示之间的差异。

现在成本计算法下产品成本的计算：首先将间接成本在X、Y两个部门之间分配，分配结果见表2—2—6。

表2—2—6 成本计算法下产品成本计算表 元

项目	X部门	Y部门	合计
生产部门的间接成本（实际发生数）			
生产准备	470	900	1 370
生产监督	1 200	1 200	2 400
机器耗费	10 800	9 000	19 800
服务部门的间接成本：			
采购部门（根据材料成本）	2 213	2 227	4 440
仓储部门（根据产品产量）	1 691	1 409	3 100
动力部门（根据机器小时数）			
其中：X部门—900小时	1 800	1 500	3 300
Y部门—750小时			
合计	18 174	16 236	
机器小时率			
X部门＝18 174/900	20.19	21.65	
Y部门＝16 236/750			

然后再将间接计入成本从各个部门分配到各产品中去，其成本分配与利润计算详见表2—2—7。

表2—2—7 成本分配与利润计算表 元

产品（单位资料）	A	B	C	D
直接材料	10.00	8.00	9.00	15.00
直接人工	3.00	2.00	3.00	2.00
制造费用（机器小时率）	10.10	10.10	10.82	10.82
生产成本	23.10	20.10	22.80	27.82
销售费用［售价的8%＝7 920/(51 500＋47 500)］	2.20	2.40	2.40	2.80
单位总成本	25.30	22.50	25.22	30.62
单位售价	27.50	30.00	30.00	35.00
单位产品利润	2.20	7.50	4.78	4.38

通过比较作业成本法的单位产品成本计算结果和现在的成本计算法计算出来的结果可以看出：

作业成本法表明产品D是一种亏损产品，而现行方法下却认为D是盈利产品。这是因为作业成本法充分考虑到了D产品的生产相对于其他产品而言，较为复杂（在花色、款式、设计上有较多的要求及较小的批量生产规模），其存货量大且需要的销售时间也较多，而现行方法并不为某一单个产品单独确认其因生产的复杂性、存货的多少及销售情况等后援性作业而产生的成本，因此把间接计入成本差不多平均分摊到各产品中去，事实上是让其他产品（主要是A产品，因为A产品无存货）负担了本应由D产品承担的成本，致使D产品成为盈利产品而A产品却在损益临界点附近，这样计算的结果当然与实际情况不符。作业成本法摆脱了上述现行方法的缺陷，力求计算为支持生产和发出每种单个产品所需耗费的作业成本，因此与实际成本消耗情况较为相符，所以在作业成本法下，A产品同B、C产品一样均属于盈利产品，而真正需要停产的则是D产品（如果其售价不提高或其成本不降低的话）。

思考与练习

1. 什么是物流成本核算？如何选取物流成本核算对象？

2. 物流成本核算包括哪些步骤？

3. 什么是作业成本法？简述其基本原理。

4. 什么是成本动因？成本动因是如何细分的？

5. 大唐物流中心本月共支付人工工资10万元，计提运输设备折旧2.5万元，包装材料费2万元，支付物流利息0.5万元。接受一批配送业务，发生运费2万元，支付仓储费4万元；该批配送业务占全月配送业务的30%，计算该批业务的物流成本。

6. 某企业对甲、乙两产品进行包装，本月发生的成本资料见表2—2—8。

表2—2—8　　成本资料

项目	甲产品	乙产品	合计
产量（件）	200 000	400 000	
直接成本（元）	20 000	100 000	120 000
间接成本总计（元）			720 000
其中：准备费用（元）			200 000
检验费用（元）			145 000
电费（元）			180 000
维护费（元）			195 000
准备次数（次）	600	400	1 000
检验时数（小时）	1 000	450	1 450
耗电量（千瓦·时）	120 000	180 000	300 000
机器工时（小时）	20 000	100 000	120 000

试用作业成本法核算两产品的包装成本，将有关数据填入下列表中。

（1）与间接物流成本相关的作业及成本动因（见表2—2—9）

表 2—2—9　　　　成本动因表

作业	准备	检验	供电	维护
成本动因	准备次数	检验次数	用电度数	机器小时

（2）物流作业中心成本分配结果（见表 2—2—10）

表 2—2—10　　　　计算表（一）

成本项目	作业中心归集成本	作业量	分配率
准备费用			
检验费用			
电费			
维护费			

（3）两产品包装成本计算（见表 2—2—11）

表 2—2—11　　　　计算表（二）

		甲产品	乙产品	合计
直接成本				
间接成本	准备费用			
	检验费用			
	电费			
	维护费用			
	小计			
合计				
单位成本				

7. 某生产性企业产销 A、B 两种产品。这两种产品的生产工艺过程基本相同，两者的区别主要表现在所提供的物流服务上：A 产品实行的是大批量低频率的物流配送服务，每批数量为 4 000 件。B 产品实行的是多频率小额配送服务，每批数量为 10 件。该企业采用作业成本法计算产品的物流成本，所涉及的作业主要有七项：订单处理、挑选包装、包装设备调整、运输装卸、质量检验、传票管理和一般管理。有关具体资料如下：

（1）本月该企业共销售 A 产品 5 批，共计 20 000 件；B 产品 140 批，共计 1 400 件。

（2）订单处理作业。全月有能力处理 1 008 份订单。本月实际处理订单 800 份，其中 A 产品订单 500 份，B 产品订单 300 份。

（3）包装机共 4 台，全月总共可利用 640 机器小时。但不能全部用于包装，进行机器调整要耗费一定时间。本月共调整机器 160 次，A 产品调整机器 20 次，B 产品调整机器 140 次，消耗机器小时数共计 64 小时，占包装机总机器小时数的 10%。包装机如果用于包装 A 产品，每件需要 1.5 分钟；如果用于包装 B 产品，每件则需 2 分钟。

（4）运输装卸作业全月总共能够提供 840 工作小时的生产能力，其中用于 A 产品的运输装卸，每批需 120 小时；用于 B 产品的运输装卸，每批需 0.4 小时。

(5) 质量检验。A、B两种产品的检验过程完全相同。该企业全月有能力检验800件产品。对于A产品，每批需要随机抽样10件进行检验。对于B产品，每批需要随机抽样3件进行检验。

(6) 该企业进行传票管理作业是采用计算机辅助设计系统来完成的。该企业全月总共能提供840个机时。本月用于A产品传票管理的机时数为168个，用于B产品传票管理的机时数为420个。

(7) 一般管理。本月人员及设施等利用程度为75%。一般管理费用按照A、B产品所消耗的其他资源成本比例分配。

(8) A产品每件消耗直接材料1.5元，B产品每件消耗直接材料1.8元。

(9) 企业本月提供的各类资源价值情况见表2—2—12。

表2—2—12　企业所提供的各类资源价值　元

资源项目	工资	电力	折旧	办公费
资源价值	23 400	4 800	24 400	8 500

根据上述资料，该企业利用成本作业法核算的基本流程如下：

第一步：建立作业成本库。企业主要作业有订单处理、挑选包装、包装设备调整、运输装卸、质量检验、传票管理、一般管理共七项作业。为每项作业分别设立作业成本库，用于归集各项作业实际消耗的资源。对于包装设备调整作业和挑选包装作业，首先将两者合并在一起计算各项资源耗用量，然后按机器调整所耗用的机器小时数与可用于包装产品的机器小时数之间的比例进行分配。

第二步：确认各项资源动因，将各资源库中所归集的资源价值分配到各作业成本库中。

①工资费用的分配。工资费用消耗的动因在于各项作业"运用职工"，因此，应根据完成各项作业的职工人数和工资标准对工资费用进行分配。分配结果见表2—2—13。

表2—2—13　工资资源的分配表　元

资源＼作业	订单处理	包装及设备调整	运输装卸	质量检验	传票管理	一般管理	合计
职工人数	2	4	5	4	4	3	22
每人月工资额	800	1 200	1 000	1 250	1 000	1 000	
各项作业月工资	1 600	4 800	5 000	5 000	4 000	3 000	23 400

②电力资源的分配。电力资源消耗的原因在于"用电"，其数量用用电度数来衡量。每度电的价格是0.5元。具体分配结果见表2—2—14。

表2—2—14　电力资源分配表

资源＼作业	订单处理	包装及设备调整	运输装卸	质量检验	传票管理	一般管理	合计
用电度数	400	3 200	2 500	2 800	360	340	9 600
金额（元）	200	1 600	1 250	1 400	180	170	4 800

③折旧费和办公费的分配。折旧费发生的原因在于各项作业运用了有关的固定资产，可以根据各项作业固定资产运用情况来分析折旧费用，即特定作业使用的固定资产的折旧费由特定作业负担。各项办公费用也具有专属性，其分配方法和折旧费类似。具体分配情况见表2—2—15。

表2—2—15　　固定资产折旧费及办公费的分配　　元

资源＼作业	订单处理	包装及设备调整	运输装卸	质量检验	传票管理	一般管理	合计
折旧费	2 500	5 600	4 000	7 700	2 400	2 200	24 400
办公费	1 200	1 400	600	1 900	1 600	1 800	8 500

④包装机调整与包装两项作业所耗用资源价值可以根据其耗用的机器小时数进行分配。包装机调整耗用机器小时数64小时，占包装机总机器小时数的10%。包装机用于包装的机器小时数为640－64＝576小时，占包装机总机器小时数的90%。将上述“包装及设备调整”栏目中的数字乘以10即得包装设备调整所消耗的资源价值量，其余90%即为包装作业所消耗的资源价值量。具体分配情况见表2—2—16。

表2—2—16　　包装及设备调整耗用资源价值分配　　元

作业＼资源	工资	电力	折旧费	办公费
包装设备调整	480	160	560	140
包装	4 320	1 440	5 040	1 260

⑤将上述结果汇总，把资源分配到作业。分配情况见表2—2—17。

表2—2—17　　资源向各作业间的分配　　元

资源＼作业	订单处理	包装调整	包装	运输装卸	质量检验	传票管理	一般管理
工资	1 600	480	4 320	5 000	5 000	4 000	3 000
电力	200	160	1 440	1 250	1 400	180	170
折旧费	2 500	560	5 040	4 000	7 700	2 400	2 200
办公费	1 200	140	1 260	600	1 900	1 600	1 800
合计	5 500	1 340	12 060	10 850	16 000	8 180	7 170

根据上述信息，要求确定各项作业的成本动因并计算各项作业的成本动因率；分配A、B产品耗用的资源价值；计算A、B产品的物流总成本和单位成本。

第三章

物流成本预测与决策

第一节　物流成本预测

物流成本预测是物流成本管理的起点，对于把握未来物流成本发展变化方向、妥善安排资金使用有重要的作用，对于挖掘降低物流成本潜力，提高经济效益及正确进行物流活动都具有十分重要的意义。

一、物流成本预测的含义

物流成本预测就是运用统计学和预测科学的方法，根据历史资料和现有信息，通过分析，对未来物流成本水平及发展趋势进行预计和测算。

物流成本预测的内容主要包括运输成本预测、流通加工成本预测、配送成本预测、包装成本预测、仓储成本预测、信息成本预测等。

二、物流成本预测的作用

1. 为物流成本管理提供依据

企业以赢利为目的，追求利润最大化。要想实现这一目标，主要方法之一就是对成本进行有效控制。通过对物流成本的分析和预测，可以及时采取有效措施，将成本控制在经济合理的范围内。

2. 减少企业经营的盲目性，从而降低经营风险

企业为了提高自身竞争能力，往往采取转变经营方向、实行多元化的经营模式。如果在决策之前，通过对物流成本的分析和预测为决策提供可靠的依据，那么可以降低企业可能的经营风险，提高企业在市场竞争中的能力。

3. 为企业制定物流成本目标提供依据

企业根据自身的特点和优势，确定企业的经营规模，通过对物流成本的分析和预测，可以科学合理地制定出物流成本目标，从而为有效控制物流成本提供依据。

4. 是企业扩大经营范围、满足市场需求的重要手段

随着人们生活水平的不断提高，人们的需求也在不断发生变化，企业为了适应这种需求的变化，就要改变经营方式和手段以满足市场需求。这必然会给企业增加一定的投资，这就要求企业，在为了满足市场需求而进行投资之前，对由于投资而将要增加的成本进行分析和预测，从而采取相应的措施与手段，以适应不断变化的市场需求。

三、物流成本预测的分类

1. 按对象的范围分类

（1）宏观预测

宏观预测是指对大系统的、综合的、总体的预测。例如对整个流通领域物流成本的预测。它要求对整个流通领域中，在物资流通的整个过程中所消耗的成本进行预测。

（2）微观预测

微观预测是对个别具体的物流企业物资流通过程中所支付的成本，例如基层企业所做的生产成本、运输成本、仓储成本、配送成本的预测等。

2. 按时间的长短分类

（1）短期预测

一般把一年（或一年以内）的预测称为短期预测。短期预测由于预测的时间短，不确定因素和影响因素较少，所以预测结果比较准确。

（2）长期预测

一般把一年以上的预测统称为长期预测，而长期预测由于预测的时间比较长，有许多不确定因素的影响，所以预测结果一般不很精确，需要经常收集新的信息或数据对预测方案和预测结果不断地进行完善和修补。

3. 按预测目的所用方法不同分类

（1）定性预测

定性预测通过对现象的调查和了解，凭预测者个人的实践经验、理论水平和分析能力，对事物未来的发展所做出的判断。定性预测不要求结果非常准确，只是对事物的发展变化做出一个大致的估计。在定性预测法中有经济指标法、调查预测法等。

（2）定量预测

定量预测是根据过去和现在的资料，运用一定的数学方法，建立预测模型，对现象未来的变化数值做出定量的预测。定量预测法包括因果回归分析预测法、时间序列分析预测法等。

实际应用中，应从预测对象的发展规律出发，正确选择、运用预测方法。一般来说，当有较多的数据资料时可以采用各种定量预测的方法。而当缺乏足够的数据资料时，只能采用定性预测的方法。在实际预测时，往往根据掌握的情况采用多种方法同时预测，从而获得较为可靠的结论。

四、物流成本预测的步骤

1. 确定预测目标

进行物流成本预测，首先要有一个明确的目标，该目标取决于企业对未来的生产经营活动所要达到的总目标。物流成本预测目标确定之后，便可明确物流成本预测的具体内容。

2. 收集预测资料

物流成本指标是一项综合性指标，涉及企业的生产技术、生产组织和经营管理等方面。在进行物流成本预测前，必须尽可能全面地获取相关的资料，并应注意去粗取精、去伪存真，保证资料的科学性和可靠性。

3. 建立预测模型

在进行预测时，必须对已收集到的相关资料，运用一定的数学方法进行科学的加工处理，建立科学的预测模型，借以揭示有关变量之间的规律性联系。数学模型一般是带有参数的，需要针对建立的数学模型进行相应参数的估计（利用收集到的数据样本），最终识别和确认所选用的具体数学模型。

4. 模型检验

以历史资料为基础建立的预测模型可能与未来的实际状况有一定的偏差，且数量方法本身就有一定的假定性，因此必须采用一些科学方法对预测的结果进行综合分析和判断，对存在的偏差及时予以修正。针对具体数学模型进行合理性检验、误差检验等，如有必要，还需回到第三步。

5. 预测与结果分析

运用前面建立的数学模型，使用有关物流预测对象的数据样本做出预测，并在有关经济理论的基础上做出合理分析和解释。

五、物流成本预测的方法

物流成本预测的方法很多，既有定性的预测方法，又有定量的预测方法，本书重点讲解利用历史资料进行物流成本预测的三种方法：高低点法、回归直线法、加权平均法。

1. 高低点法

高低点法是以某一时期的最高业务量（高点）的物流成本与最低业务量（低点）的物流成本之差，除以最高业务量和最低业务量之差，求得单位变动物流成本；然后代入高点或低点的物流成本公式，据以求出物流成本中变动成本和固定成本数额，建立物流成本模型的一种方法。

用 y 代表某一时期某项物流成本总额，x 代表物流业务量，a 代表物流成本中的固定成本总额，b 代表物流成本中的单位变动成本，则物流总成本公式可表示为：

$$y=a+bx$$

根据高低点的基本原理，a、b 可按下列公式计算：

$$b=\frac{\text{最高点业务量的成本}-\text{最低点业务量的成本}}{\text{最高点业务量}-\text{最低点业务量}}$$

$$a=\text{最高点业务量的成本}-\text{单位变动成本}\times\text{最高点业务量}$$

或　　$$=\text{最低点业务量的成本}-\text{单位变动成本}\times\text{最低点业务量}$$

【例 3—1】光明运输公司 1—6 月的某项物流业务的成本资料见表 3—1—1。

表 3—1—1　　　　成本资料

月份	物流业务量（次）	物流成本（元）
1	4 000	540
2	3 800	510
3	5 300	660
4	4 300	570
5	4 500	565
6	4 800	578

请预测当物流业务量为 6 000 次时的物流成本总额是多少？

解：

据表 3—1—1 可知，该公司物流业务量的最高点为 5 300 次，业务量的最低点为 3 800 次，最高点业务量的成本为 660 元，最低点业务量的成本为 510 元。则：

$$b=\frac{660-510}{5\ 300-3\ 800}=0.1\text{ 元}$$

$$a=510-0.1\times 3\ 800=130\text{ 元}$$

根据计算出的 a、b 的值，物流成本模型可写成：

$$y=130+0.1x$$

则当物流业务量为 6 000 次时的物流成本总额为：

$$y=130+0.1\times 6\ 000=730\text{ 元}$$

高低点法简便易行，便于理解和掌握，但由于它只从诸多历史资料中选取了两组数据为计算依据并建立了成本模型，故可能不具有代表性，误差较大。因此该法只适用于成本变化趋势较稳定的情况。

2. 回归直线法

回归直线法是根据过去一定期间的物流业务量和物流成本的历史资料，运用最小二乘法的原理，建立反映物流成本和物流业务量之间关系的回归直线方程，并据此确定物流成本中的固定成本和变动成本，进而建立物流成本模型的一种定量分析方法。

假设共有 n 期的物流业务量和物流成本的资料，用 x 代表业务量，用 y 代表某项物流业务的成本，a 代表物流成本中的固定成本部分，b 代表物流成本中的单位变动成本，它们之间的关系可以用直线方程式 $y=a+bx$ 来表示，只要 x 与 y 之间基本保持线性关系，就可以运用最小二乘法的原理求出 a 和 b 的值，最终确立该项业务的成本与变量之间变动趋势的直线方程式。则 a、b 的值可按如下公式计算：

$$a=\frac{\sum y-b\sum x}{n}$$

$$b=\frac{n\sum xy-\sum x\sum y}{n\sum x^2-(\sum x)^2}$$

【例 3—2】3D 公司下半年某项物流业务的成本资料见表 3—1—2。

表 3—1—2　　成本资料

月份	物流业务量（小时）	物流成本（元）
7	6.5	120
8	8.5	130
9	5	110
10	8	130
11	10	140
12	6	125

请预测第二年 1 月物流业务量为 13 小时时，该项物流业务的成本。

解：

为便于计算，先对资料进行处理，见表 3—1—3。

表 3—1—3　　计算表

月份	物流业务量 x（小时）	物流成本 y（元）	xy	x^2
7	6.5	120	780	42.25
8	8.5	130	1105	72.25
9	5	110	550	25
10	8	130	1 040	64
11	10	140	1 400	100
12	6	125	750	36
$n=6$	$\sum x=44$	$\sum y=755$	$\sum xy=5625$	$\sum x^2=339.5$

$$b=\frac{n\sum xy-\sum x\sum y}{n\sum x^2-(\sum x)^2}$$

$$=\frac{6\times 5\ 625-44\times 755}{6\times 339.5-44^2}$$

$$=5.25\text{ 元/小时}$$

$$a=\frac{\sum y-b\sum x}{n}=\frac{755-5.25\times 44}{6}=87.33\text{ 元}$$

根据上述计算结果，采用回归直线法计算出的该项物流业务物流成本的直线方程为：

$$y=87.33+5.25x$$

则当第二年 1 月物流业务量为 13 小时时，该项物流业务的成本为：

$$y=87.33+5.25\times 13$$

$$=155.58\text{ 元}$$

与高低点法相比，回归直线法由于运用了最小二乘法的原理，其计算过程更科学，因此计算结果相对来说较为精确。

3. 加权平均法

加权平均法是根据若干期物流固定成本总额和单位变动成本的历史资料，按照事先确定的权数进行加权，以计算加权平均的成本水平确定物流成本预测模型，进而预测未来物流总成本的一种定量分析方法。计算公式为：

$$y=\bar{a}+\bar{b}x$$

$$=\frac{\sum aW}{\sum W}+\frac{\sum bW}{\sum W}x \qquad (W\text{ 代表权数})$$

此法适用于对那些具有详细固定成本与变动成本历史资料的物流业务进行成本预测。

【例 3—3】某企业开展某项物流业务，前 3 年的物流成本资料见表 3—1—4。

表 3—1—4　　物流成本资料表　　元

年份	物流固定成本 a	物流单位变动成本 b
第 1 年	12 500	15
第 2 年	15 000	13
第 3 年	16 000	12

要求：用加权平均法预测第 4 年物流总成本和单位物流成本。

解：

选各期的权数分别为 1，2，3。

物流总成本为 y_4 =（12 500×1＋15 000×2＋16 000×3）/(1＋2＋3) ＋[(15×1＋13×2＋12×3) /(1＋2＋3)]×5 000

＝79 233 元

物流单位成本＝79 233/5 000＝15.85 元

第二节　物流成本决策

物流成本决策是一个系统过程，既包括做出决策前的一切活动，如提出问题、收集资料、预测未来、确定目标、拟订方案列出自然状态、确定决策准则和方法、进行分析对比、做出决策等，又包括把决策付诸实践的一切活动，如制订方案实施计划、明确负责执行的部门、人员和实施计划的时间等。

一、物流成本决策的含义

物流成本决策是指针对物流成本，在调查研究的基础上确定行动目标，拟订多个可行方案，然后运用科学的方法、统一的标准，选定适合本企业的最佳方案的全过程。正确的决策必须建立在认识和了解问题的内部关系、环境状况的基础上，首先必须掌握决策对象的运动规律，占有必要的资料和信息；其次还要掌握辅助决策的技术和方法，按照必要的决策程序和步骤进行决策。

在物流业务中，物流成本决策与物流活动的内容相关，一般包括运输成本决策、仓储成本决策、配送成本决策、包装成本决策、流通加工成本决策、装卸搬运成本决策、物流信息成本决策等。

二、与物流成本决策有关的概念

1. 差量成本

差量成本是指两个备选方案的预期相关成本之间的差额。不同方案的经济效益，一般可通过差量成本的计算明显地反映出来，例如，某公司需要配送货物给客户，自配送单位成本为 40 元，若依靠配送公司配送为 42 元，差量成本为 2 元，说明采用自配送方案较为优越。

2. 机会成本

机会成本是指在决策分析中，从多个备选方案中，选取最优方案而放弃次优方案所丧失

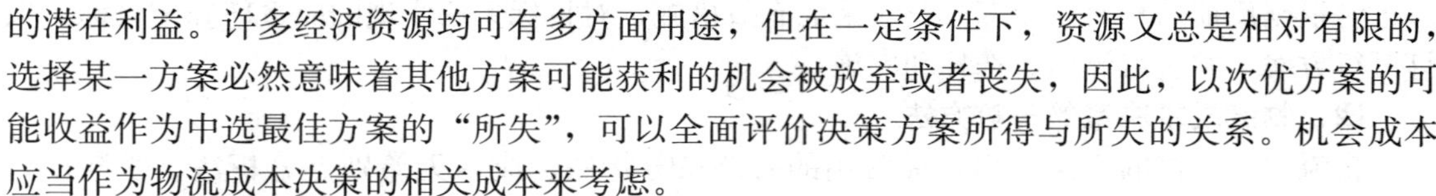

的潜在利益。许多经济资源均可有多方面用途，但在一定条件下，资源又总是相对有限的，选择某一方案必然意味着其他方案可能获利的机会被放弃或者丧失，因此，以次优方案的可能收益作为中选最佳方案的“所失”，可以全面评价决策方案所得与所失的关系。机会成本应当作为物流成本决策的相关成本来考虑。

3. 边际成本

在经济学中，边际成本是指产品产量无限小变化时成本的变动部分，在物流成本管理中，边际成本是指每增加或减少一个单位的产量所引起的成本变动。

在短期内边际成本有两个基本性质：一是边际成本等于边际收益时，企业利润达到最大化；二是当边际成本等于平均成本时，其平均成本达到最低水平。因此，边际成本对研究产量与价格组合对利润的影响问题是非常有用的。

4. 专属成本

专属成本是指能够明确归属于特定决策方式的固定成本，往往是为了弥补物流生产能力不足的缺陷，增加的有关装备（装置、设备、工具）等长期资产而发生的。专属成本的确认与取得上述装备的方式有关，若采用租赁的方式，则专属成本就是与此相关联的租金成本；若采用购买方式，则专属成本的确认还必须考虑有关装备的性质；若取得的装备等是专用的，即只能用于特定方案，则专属成本就是这些装备的全部取得成本；若取得的装备等是通用的，则专属成本就是与使用这些装备有关的主要使用成本（如折旧费、摊销费等）。

三、物流成本决策的步骤

1. 界定问题、识别机会

要注重考虑物流组织中人的行为和信息的准确与时效，进行汇总和分析，明确问题所在。

2. 明确目标

要求明确物流系统总目标和各分目标的关系，确定决策目标的约束条件，决策目标尽量用数量表示。

3. 拟订备选方案

尽可能多地提出几个实现目标的初选方案。

4. 评估备选方案

评估备选方案应注意：方案实施的条件是否具备，成本情况如何；方案能否给企业带来长期、短期利益；方案实施的风险，方案是否有失败的可能性。

5. 做出决策

决策者要想做出一个良好的决策，必须仔细考察全部事实，确定是否可以获取足够的信息并最终选择最好方案。

6. 选择实施策略

制定保证方案实施的策略，确保与方案有关的各种指令能被所有人员充分地了解，并将决策目标分解，落实到部门或个人，建立工作报告制度，了解方案的进展，并及时做出适当的调整。

7. 监督和评估

职能部门对各层次、各岗位的方案执行情况进行检查和监督，并将信息反馈给决策者；

决策者根据反馈信息对偏差部分及时采取有效措施；对目标无法实现的应重新确定目标，拟订可行方案，并进行评估、选择和实施。

四、物流成本决策的一般方法

物流成本决策的方法很多，最常用的有差量分析法、成本无差别点分析法、线性规划法、本量利分析法、期望值决策法等。

1. 差量分析法

差量分析法是根据两个备选方案的“差量收入”与“差量成本”的比较所确定的“差量损益”，来确定最优方案的方法。如果差量损益小于零，则后一个方案较优；如果差量损益大于零，则前一个方案较优；如果差量损益等于零，则两方案损益相同，取其中一个方案即可。这里的“差量收入”是指两个备选方案的预期相关收入的差异数，“差量成本”是指两个备选方案的预期相关成本的差异数。应该注意的是：在计算“差量收入”与“差量成本”时，方案的先后排列次序必须保持一致。另外，如有两个以上的方案可供选择时，可两两比较，最终确定最优方案。

2. 成本无差别点分析法

成本无差别点分析法是对不同的备选方案，首先计算确定“成本无差别点”，然后将其作为数量界限来筛选最优方案的一种决策分析方法。“成本无差别点”是指两个备选方案在总成本相等时的业务量。当预计业务量低于成本无差别点时，则固定成本较小、单位变动成本较大的方案为较优方案；当预计业务量高于成本无差别点时，则固定成本较大、单位变动成本较小的方案为较优方案。

3. 线性规划法

线性规划法主要解决资源的合理利用和调配问题。具体说有两个方面：一是当计划任务已定，如何统筹安排、精心筹划，用最少的资源来实现这个任务；二是当资源的数量已定，如何做到合理利用、合理配置，使得完成的任务最大。线性规划的实质是把经济问题转化为数学模式进行定量分析，通过求函数极值（极小值或极大值）来确定最优方案。

4. 本量利分析法

本量利分析法是分析物流业务的成本、业务量、利润三者之间关系的方法，从目标利润或目标成本出发，来确定合理的物流业务量或物流业务规模。

5. 期望值决策法

期望值决策法是在风险性决策及不确定性决策的情况下，以期通过计算最佳期望值而进行决策的方法。

【例 3—4】某运输公司依据历史数据分析，确定单位变动成本为 150 元/千吨千米，固定成本总额为 20 万元，营业税率为 3%，下月预计货物周转量为 5 000 千吨千米，单位运价为 200 元/千吨千米，请对该公司进行运输业务的本量利分析。

解：

首先计算该公司的保本点运输周转量。

由本题条件可知，固定成本为 200 000 元；单位运价为 200 元；营业税率为 3%；单位变动成本为 150 元。依据的计算公式为：

$$保本点运输周转量=\frac{固定成本总额}{单位运价\times（1-营业税率）-单位变动成本}$$

则：

$$保本点运输周转量=\frac{200\ 000}{200\times(1-3\%)-150}$$
$$=4\ 545.45 千吨千米$$

$$保本点运输营业收入=保本点运输周转量\times单位运价$$
$$=4\ 545.45\times200/10\ 000=90.909 万元$$

从已知条件与计算可知，由于下月的预计货物周转量为 5 000 千吨千米，超过保本点运输周转量 4 545.45 千吨千米，所以下月开展的运输业务方案是可行的。

【例 3—5】某商店要拟订 1 月、2 月、3 月某食品的日进货计划，该商品进货成本为每箱 60 元，销售价格为 110 元，即当天能卖出去每箱可获利 50 元，如果当天卖不出去，剩余一箱就要由于保管费及其他原因亏损 20 元。现市场需求情况不清楚，但有前两年同期 180 天的日销售资料，问应怎样拟订日进货计划才能使利润最大？

解：

（1）根据前两年同期日销售量资料进行统计分析，确定不同日销售量的概率，见表 3—2—1。

表 3—2—1　　计算表（一）

日销售量（箱）	完成日销售量天数	概率
50	36	36/180=0.2
60	72	72/180=0.4
70	54	54/180=0.3
80	18	18/180=0.1
合计	180	1.0

（2）根据每天可能的日销售量，编制不同进货方案的条件收益表，见表 3—2—2。

表 3—2—2　　计算表（二）　　元

进货量（箱）/销货量（箱）	50	60	70	80	期望利润
	(0.2)	(0.4)	(0.3)	(0.1)	
50	2 500	2 500	2 500	2 500	2 500
60	2 300	3 000	3 000	3 000	2 860
70	2 100	2 800	3 500	3 500	2 940
80	1 900	2 600	3 300	4 000	2 810

日进货量 50 箱，售出 50 箱，则条件利润为 50×50=2 500 元；若需求量大于 50 箱，利润仍为 2 500 元；又日进货量 60 箱而售出 50 箱，则条件利润为 50×50－（60－50）×20=2 300 元。

（3）计算各个进货方案的期望利润值。各个方案的期望利润值是在收益表的基础上，将每个方案在不同自然状态下的利润值乘以该自然状态发生的概率值之和。即如日进货量 60 箱方案的期望利润值为 2 300×0.2+3 000×0.4+3 000×0.3+3 000×0.1=2 860 元。

（4）决策。从期望利润值可以看出：日进货量 70 箱的计划方案的期望利润值最大。因此，最佳方案为日进货量 70 箱。

【例 3—6】某仓库为适应日益扩大的业务量，拟订了三个方案。

方案一：建一座仓库，投资 300 万元。据估计，如果仓储业景气，每年可获利 90 万元。服务期限为 10 年。

方案二：扩建旧仓库，投资 140 万元。如果仓储业景气，每年可获利 40 万元，如果不景气，每年仍可获利 30 万元。

方案三：先扩建旧仓库，三年后如果仓储业景气，再建新仓库。投资 200 万元，服务期限为 7 年。每年估计获利 90 万元。

根据物流市场预测，仓储业景气的概率为 0.7，不景气的概率为 0.3。试选择最优方案。

解：

此题可运用期望值决策法，先画出决策树，如图 3—2—1 所示。

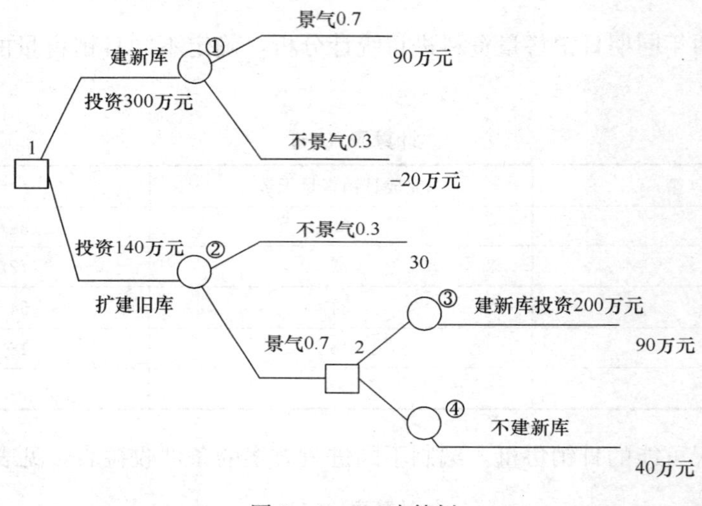

图 3—2—1　决策树

决策分析由右向左进行，状态节点③和④的期望值为：

节点③：90×7－200＝430 万元

节点④：40×7＝280 万元

由于节点③的期望值高于节点④，所以此阶段的决策应采取投资 200 万元建新库的方案。

节点①：[0.7×90＋0.3×(－20)]×10－300＝270 万元

节点②：0.7×430＋0.7×40×3＋0.3×30×10－140＝335 万元

由于节点②的期望值高于节点①，因此，决策应采取先扩建旧仓库，三年后在仓储业景气时再投资 200 万元建新仓库。此方案将在 10 年中获利 335 万元。

【例 3—7】某企业每年需用包装箱 36 000 件，外购每件单价为 25 元，现该企业辅助车间有剩余生产能力可以生产这种包装箱，经测算每件自制成本为 27 元，其中直接材料 11 元，直接人工 4 元，变动性制造费用 2 元，固定制造费用 10 元。

要求：(1) 做出该包装箱是自制还是外购的决策分析。

(2) 假定全年包装箱的需用量不知道，自制包装箱时辅助车间每年需追加专属成本320 000元。要求做出该包装箱是自制还是外购的决策分析。

解：

(1) 自制包装箱的变动生产成本为：36 000×(11+4+2)=612 000元

包装箱外购成本为：36 000×25=900 000元

可知，自制比外购的成本低288 000元，故选择自制方案较好。

(2) 在全年包装箱的需用量不知道的情况下：

设 x 为包装箱的全年需用量，自制包装箱的预期相关成本为：

$$y_1 = \text{专属固定成本} + \text{单位变动成本} \times \text{单位变动业务量}$$
$$= a + bx = 320\,000 + 17x$$

外购包装箱的预期相关成本为：

$$y_2 = a + bx = 25x$$

两方案成本相等时包装箱的数量为成本无差别点，其值为：

$$320\,000 + 17x = 25x$$
$$x = 40\,000 \text{ 件}$$

如果包装箱全年需用量低于40 000件，宜外购；若超过40 000件，宜自制，如图3—2—2所示。

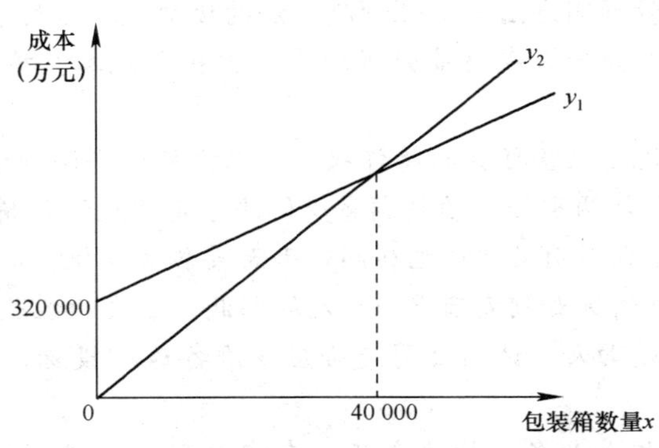

图3—2—2　成本无差别点示意图

【例3—8】配送中心地点的选择。假定一个配送中心向四个零售店配送货物，这四个零售店的位置可以用坐标点来表示，配送中心向四个零售店配送的货物数量是不同的，见表3—2—3。

表3—2—3　资料表

地点	坐标 x，y（千米）	每周数量 Q（件）
D1	2，2	800
D2	3，5	900
D3	5，4	200
D4	8，5	100

为使配送成本最低，配送中心的最佳位置应在哪里？

解：

可以采用重心计算法。设配送中心的位置为（x_0，y_0）。

采用加权平均的办法：

$x_0=\sum xQ/\sum Q$

$=(2\times800+3\times900+5\times200+8\times100)/(800+900+200+100)$

$=3.05$

$y_0=\sum yQ/\sum Q$

$=(2\times800+5\times900+4\times200+5\times100)/(800+900+200+100)$

$=3.7$

重心的坐标点是（3.05，3.7），这就是配送中心的位置。

以上通过几个例子，简单地说明了物流成本决策的方法，旨在使学习者能够建立一种理性的思维模式。其实物流成本决策的案例是很多的，尤其是借助运筹学的方法，具有一定的复杂性，由于篇幅的关系，不再赘述。

思考与练习

1. 什么是物流成本预测？其在物流成本管理中所起的作用是什么？

2. 比较说明分析定量预测方法与定性预测方法的优缺点与适用条件。

3. 什么是机会成本？为什么在决策分析中要考虑机会成本？举出在物流活动中机会成本的例子。

4. 某运输公司投标运送设备任务的特许权，可以投标取得两项运输任务之一的特许权。两项中标的概率相等，估计两项任务的利润多少取决于是雨天还是晴天，其中一项是往偏远的农村运送设备，估计晴天时有 4 000 元利润，雨天要损失 4 000 元。另一项是往另一城市运送设备，估计不管天气情况如何都有 2 000 元的利润。过去的经验表明，在每年的这个时候，70% 是晴天，30%是雨天。试问公司是否应该准备这一投标，如果应该，应投标哪一项任务？

5. 某物流企业为了扩大业务，拟建仓库，有建大型、中型、小型三种方案可供选择，另根据市场预测，仓储业出现景气、普通、不景气三种状态的概率分别为 0.3，0.4，0.3。表 3—2—4 给出了三种方案在三种状态下的收益值，请计算各方案的期望收益值，并进行比较分析，确定最优方案。

表 3—2—4　　资料表　　万元

状态 / 方案	景气	普通	不景气	期望收益
建小型仓库	250	200	180	
建中型仓库	350	400	150	
建大型仓库	600	300	100	

6. 某公司需用一台装卸搬运设备，现有两个方案可供选择：一是购置方案，购价为52 000元，估计可使用10年，使用期满时残值为2 000元，每年的维修保养费为3 000元，另外该设备每天的运行成本为80元；二是向租赁公司租赁，每天的租金为100元，运行成本仍然发生。

要求：确定这两个方案各适用于何种条件。[提示：设使用天数为X，购置方案的年使用成本为：固定成本＋每天运行成本×使用天数，这里固定成本为：年维修保养费＋年折旧费；年折旧费＝(设备购价－残值)/使用年限;借助成本无差别点法求解]

7. 通过对一个物流企业的调研，写出一篇关于物流成本预测或决策内容的调研报告。

第四章

物流成本预算与控制

第一节 物流成本预算

物流成本预算是管理者依据对日常物流核算信息的分析，充分挖掘降低物流成本的潜力，并由此推算出企业为实现预期目标所需物流费用的合理范围，也是企业预先确定的物流管理目标。

一、物流成本预算的含义

物流成本预算是根据物流成本决策所确定的方案、预算期的物流任务、降低物流成本的要求及有关资料，通过一定的程序，运用一定的方法，以货币形式规定预算期物流各环节耗费水平和成本水平，并提出保证成本预算顺利实现所采取的措施，即一定时期的物流成本计划。

二、物流成本预算的作用

1. 可以使计划目标进一步明确化、具体化

企业的物流活动要有目标，不仅要指明未来行动的方向，还要说明行动结果的数量要求，否则就无法实现对物流活动的有效控制。物流成本预算加强了计划目标的可比性，在计划执行过程中作为依据及时明确地提供偏差信息，以便管理层采取有效措施，扩大收益或减少损失。同时，物流成本预算使计划目标明确化，便于个人与组织理解和把握，帮助其了解自身在企业整体工作中的地位和作用，从而强化了计划目标的指导性和激励性。

2. 可以协调企业的物流活动

企业物流的总体经营目标，如成本降低，必须层层分解为各部门和各经营环节的具体目标才能够得到落实。而最重要的是各部门和各经营环节的具体目标在方向上必须与总体经营目标保持一致，总体经营目标才有可能最终实现。通过编制物流成本预算可以把各部门和各经营环节的目标有机地结合起来，明确它们之间的数量关系，有助于各个部门和各经营环节通过正式渠道加强内部沟通并互相协调，从整个物流系统的角度紧密配合，取得最大的经济效益。

3. 是控制日常物流活动的标准

在日常物流活动中，各项物流活动进展如何，是否符合预定进程，能否实现计划目标，都需要根据一定的标准进行分析和判断，以便及时采取措施。有了物流成本预算，有关部门

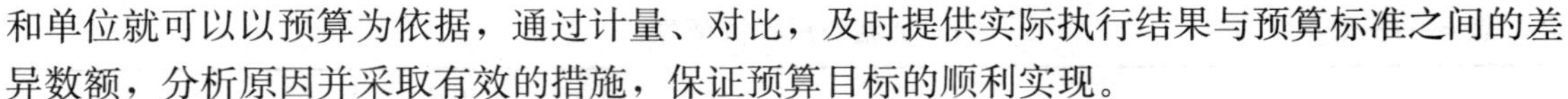

和单位就可以以预算为依据，通过计量、对比，及时提供实际执行结果与预算标准之间的差异数额，分析原因并采取有效的措施，保证预算目标的顺利实现。

4. 是评价物流工作业绩的依据

物流成本预算在确立组织内部各部门、各运营环节目标的同时，也进一步明确了其所承担的经济责任，使其能被客观评价和考核，即通过实际数与预算数的比较分析，可以检查评价各部门、各运营环节的经济责任和计划任务的完成情况。

三、物流成本预算的编制方法

物流预算编制既是一个计划过程，又是确定控制标准的过程。一般而言，企业的物流活动及其所处的环境并非如此简单明确，作为控制手段的预算也就必须根据其特点而采用不同的形式，如弹性预算、零基预算、滚动预算等。

1. 弹性预算

弹性预算是在编制物流成本费用预算时，预先估计到预算期间业务量可能发生的变化，编制出一套能适应多种业务量水平的成本费用预算，以便分别反映在各种业务量水平下所应开支的费用水平的一种方法。编制物流弹性预算的具体方法，大体可以分为4个步骤。

（1）确定各物流成本费用的成本性态

编制弹性预算以成本性态为基础，把物流成本项目划分为变动成本、固定成本。变动成本是随业务量增长而正比例增长的成本，如运输中的燃油费，包装消耗的直接材料费；固定成本是不受业务量影响的成本，如物流设施和设备的折旧费。

（2）选取恰当的业务量为计量对象

编制弹性预算时要随业务量水平的变化，计算出不同的计划成本。因此，应选择代表性强的业务量作为计量对象，并要求所选取的计量对象与预算中的变动部分有直接联系，经常选取的业务量有直接人工工时、运输吨千米、作业工人工资、机械运转时数等。

（3）确定各项物流成本与业务量之间的数量关系

编制弹性预算时要逐项研究、确定各项物流成本与业务量之间的数量关系。固定成本一般不随业务量变化而变化；对于变动成本，需确定单位业务量的变动成本。

（4）选用表达方式计算预算物流成本

1）列表式。先确定业务量变化范围，划分出若干个业务量水平。再分别计算各项物流成本项目的预算成本，汇总列入一个预算表格。确定业务量变动范围时应满足业务量实际变动需要，确定的方法有以下几种：

①把业务量范围确定在正常业务量的70%～110%。

②把历史上的最低业务量和最高业务量分别作为业务量范围的下限和上限。

③对企业预算期的业务量做出悲观预测和乐观预测，分别作为业务量的下限和上限。

2）公式法。将所有物流成本项目分解为固定成本和变动成本，确定预算成本计算式$y=a+bx$中的系数，其中a为固定成本总额，b为单位变动成本，x为业务量。利用这个公式可计算任一水平业务量的预算物流成本。

【例4—1】假定某公司业务量（物流商品流转量）由30 000个、25 000个、20 000个到15 000个单位发生变化，物流费用的弹性预算见表4—1—1。

表 4—1—1　　物流费用弹性预算

费用明细项目（元）	变动费用分配率	物流商品流转量（件）			
		30 000	25 000	20 000	15 000
变动费用					
包装费	0.4	12 000	10 000	8 000	6 000
运输费	0.6	18 000	15 000	12 000	9 000
搬运费	0.3	9 000	7 500	6 000	4 500
流通加工	0.5	15 000	12 500	10 000	7 500
装卸费	0.2	6 000	5 000	4 000	3 000
小计		60 000	50 000	40 000	30 000
固定费用					
保管费		15 000	15 000	15 000	15 000
订货处理		15 000	15 000	15 000	15 000
信息流通		25 000	25 000	25 000	25 000
物流管理		5 000	5 000	5 000	5 000
客户服务		2 000	2 000	2 000	2 000
小计		62 000	62 000	62 000	62 000
物流费用		122 000	112 000	102 000	92 000

应该注意的是，弹性预算不仅适用于物流费用预算的编制和控制。实际上，任何随业务量的变化而变化的预算项目均可以采用这种方法为其编制预算，从而为预算控制打下一个坚实的基础。

2. 零基预算

按传统方法编制物流成本费用预算，一般是以基期的各种物流费用项目的实际开支数为基础，然后结合预算期内可能会使各种费用项目发生变动的有关因素的考虑，如业务量的增减等，从而确定预算期内应增应减的数额，即在原有的基础上增加或减少一定的百分率来编制物流预算，称为增量预算。这种传统的方法过分受基期的约束，往往不能做到实事求是、精打细算，造成较大的浪费，使企业的物流资源运用效率下降。20 世纪 60 年代美国人彼得·派尔（Peter Pyhrr）提出了“以零为基础的编制预算和计划的方法”，即零基预算，被认为是管理间接费用的有效方法。

零基预算是指在编制成本费用预算时，不考虑以往会计期间所发生的费用项目或费用数额，而是以所有的预算支出为零作为出发点，一切从实际需要与可能出发，逐项审议预算期内各项费用的内容及其开支标准是否合理，在综合平衡的基础上编制费用预算的一种方法。编制物流零基预算的具体方法，大体可以分为 3 个步骤。

（1）提出物流预算目标

由企业物流各部门和员工根据本企业在预算期内的总体经营目标和各部门应当完成的任务，在充分沟通的基础上提出必须安排的物流费用项目，并为每一个物流费用项目编写一套开支方案，明确费用开支的目的和确切金额。

（2）进行成本效益分析

对每一个预算项目的所得与所费进行比较，以其计算、对比的结果衡量评价各预算项目的经济效益，在权衡各个物流费用开支项目轻重缓急的基础上决定对所有预算项目资金分配的先后顺序。

（3）分配资金落实预算

根据以上确定的预算项目的先后次序，将企业物流活动在预算期内可动用的资金来源或经济资源，在有关项目之间进行合理分配，既保证优先预算项目的资金需要，又要使预算期内各项物流经营活动得以均衡协调发展。

【例 4—2】假定某公司采用零基预算法编制下一年度物流费用预算，具体过程如下：

第一步，由物流部门根据企业下年度利润目标、销售目标、成本目标及物流部门具体承担的物流经营任务的要求，提出计划期各项费用及其水平，见表 4—1—2。

表 4—1—2　　计划期各项费用及其水平　　元

物流部门人员工资及福利费	200 000
有关设备、仓库折旧费	50 000
生产要素采购费用	35 000
广告宣传费	350 000
仓库挑选、整理、保管费	25 000
物流信息费	120 000

第二步，根据有关历史资料，对各种费用进行“成本效益”分析。

生产要素采购费用和仓库挑选、整理、保管费属于变动性物流费用，与特定的业务量相联系，是完成计划规定的物流业务活动必不可少的开支。

有关设备、仓库折旧费和物流部门人员工资及福利费属于约束性固定成本，仍是企业必不可少的开支项目。

广告宣传费和物流信息费属于酌量性固定成本，根据以往有关的平均费用金额和相应的平均收益金额，计算成本效益比率，见表 4—1—3。

表 4—1—3　　计算成本效益比率　　元

明细项目	平均费用金额	平均收益金额	成本效益比率
广告宣传费	20 000	400 000	20
物流信息费	40 000	400 000	10

第三步，安排各项费用的开支顺序。

生产要素采购费用和仓库挑选、整理、保管费是必需支出项目，需全额保证，列为第一层次；有关设备、仓库折旧费和物流部门人员工资及福利费，列为第二层次；广告宣传费成本收益水平高于物流信息费，列为第三层次；物流信息费列为第四层次。

第四步，分配现有资金和落实预算，如果企业可供物流部门使用的资金为 730 000 元，则分配结果见表 4—1—4。

表 4—1—4　　分配现有资金和落实预算　　元

项目	金额
生产要素采购费用	35 000
仓库挑选、整理、保管费	25 000
有关设备、仓库折旧费	50 000
物流部门人员工资及福利费	200 000
以上费用合计	310 000
广告宣传费	(730 000−310 000)×20/30=280 000
物流信息费	(730 000−310 000)×10/30=140 000

物流零基预算的优点是不受历史资料和现行预算的限制，对一切物流业务活动及其费用开支都要像组织第一次创立一样，以零为起点来考虑其必要性和重要程度，然后重新分配企业的物流预算资源。因此，这种预算方式可以有效地压缩经费开支，提高资金的使用效果和合理性。当然，零基预算法的工作量较繁重，所以企业可以每隔几年编制一次物流零基预算，而在其他时间仍编制增量预算。

3. 滚动预算

滚动预算又称连续预算或永续预算，是指在编制预算时，将预算期与会计年度脱离开，随着预算的执行不断延伸补充预算，逐期向后滚动，使预算期始终保持为一个固定期间的方法。

通常情况下，物流成本预算的预算期是一年，以便与会计年度相配合，对预算执行结果进行分析和评价。但是，这种固定以一年为期的预算，在实际运用中存在许多缺陷。例如，由于对预算年度中靠后月份的物流经营活动无法准确预测，企业在编制物流预算时只能对其进行大致的估计和推测，这就使预算数往往不能符合实际情况，给预算执行造成很大的困难。再如，固定期间的预算，在执行一段时期后，往往会使管理人员只考虑剩余月份的物流经济活动，因而缺乏长期打算。为了解决固定预算的上述问题，企业可采用滚动预算的方法编制物流成本预算。这种方法要求预算始终保持 12 个月的时间跨度，其中前几个月的预算详细完整，后几个月的预算可以笼统概括一些。每过去 1 个月（或季度），就根据新的情况修订调整后几个月的预算使之逐渐细化，并在原有的预算期末补充一个月（或季度）的预算，逐期向后滚动。这种预算方法符合企业持续经营的一般假设，使预算具有连续性和完整性，帮助管理者通过动态的预算过程对企业未来较长一段时间的物流经营活动做出详细而全面的考虑。此外，滚动预算方法符合人们对事物的认识过程，允许对预算做出调整和修正以适应变化了的实际情况，从而提高预算的科学性和有效性。滚动预算的编制方法如图 4—1—1 所示。

四、物流成本预算的应用

将物流预算建立在作业成本核算方法的基础之上，无疑会提升传统物流预算控制职能的适用范围和使用效果。作业成本法的概念和方法本书已在第二章中做了专门介绍，这里重点讨论作业成本法在物流预算中的应用。

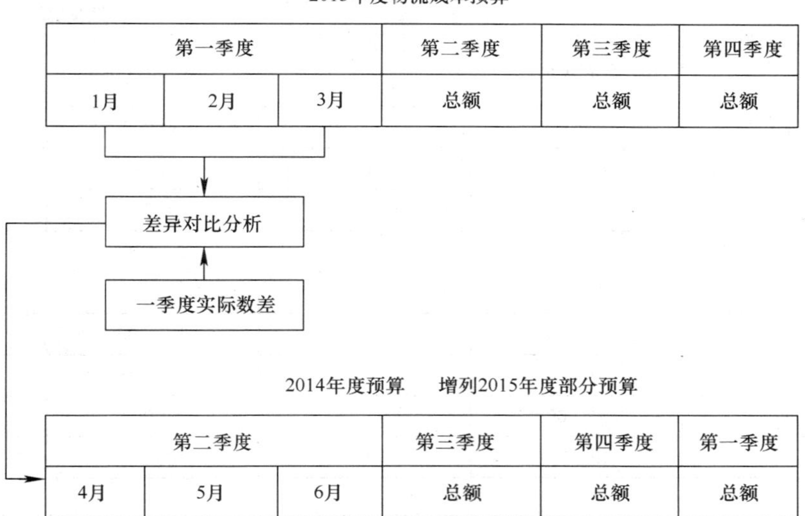

图 4—1—1　滚动预算编制方法

作业成本法的核心思想是强调以作业为基础，通过对作业进行动态追踪反映，计量作业和成本对象的成本，评价作业业绩和资源利用情况。按照作业成本法的观点，物流成本是企业物流活动中所需全部作业的成本总和，成本计算的最基本对象是作业。作业成本法的本质是把作业作为确定和分配期间费用的合理基础，引导管理人员将注意力集中在成本发生的原因，即成本动因上，而不是仅仅关注成本计算结果本身。将这种思想与方法应用到物流预算控制领域，无疑会对预算差异的原因分析更加深入、准确，所采取的纠正措施更加得力，从而大大提高物流预算控制的效率和效果。

此外，由于作业充当了联系投入和产出的桥梁，资源通过作业来形成最终提供给客户的商品的价值，企业的物流经营过程表现为作业链，因此，企业可以将作业成本系统纳入到物流预算体系中，以作业中心为基础来确定责任中心并编制预算。这样就可以在很大程度上避免传统预算编制中经济责任，特别是间接费用责任不清的问题，便于加强间接费用的预算，同时提高预算的准确性以便进行更有意义的差异分析，并可为管理人员从非财务角度进行业绩评价与控制提供相应的工具和指标。

在应用作业成本预算方法时，首先应该注意到这里的预算控制点在概念上已经从传统责任部门转变为责任中心，即过程和团队。过程和团队作为物流预算控制点，是指由一个共同目标维系在一起的一系列作业，实际上可以涵盖传统的物流部门。其次应注意到作业成本预算在编制方法上是弹性成本预算，当然同时也可以涵盖固定预算范畴。作业成本法作为面向改变、改善和革新过程为特点的现代生产经营环境的成本计算方法，为更为精巧的弹性预算的构建提供了依据。下面就以某一作业中心的物流作业弹性预算为例对作业成本法在物流预算中的应用做一比较分析。某公司的一般物流弹性预算和作业物流弹性预算分别见表 4—1—5 和表 4—1—6。

表 4—1—5　　一般物流弹性预算（201×年）　　作业中心：包装

项目 / 直接人工小时	分类		弹性预算数（元）	
	固定（元）	变动（按分配率）（元/工时）	10 000 工时	20 000 工时
直接人工		8	80 000	160 000
直接材料		10	100 000	200 000
物料消耗		2	20 000	40 000
维　修	20 000	3	50 000	80 000
电　力	15 000	1	25 000	35 000
检　验	120 000		120 000	120 000
包装准备	16 000		16 000	16 000
验　收	22 000		22 000	22 000
合　计	193 000	24	433 000	673 000

表 4—1—6　　作业物流弹性预算（201×年）　　作业中心：包装

项目	成本动因	分　类		弹性预算数（元）	
		固定	变动		
	直接人工小时			10 000 工时	20 000 工时
直接材料			10 元/工时	100 000	200 000
直接人工			8 元/工时	80 000	160 000
物料消耗			2 元/工时	20 000	40 000
小　计				200 000	400 000
	机器小时			8 000 工时	16 000 工时
维　修		20 000 元	5.5 元/工时	64 000	108 000
电　力		15 000 元	2 元/工时	31 000	47 000
小　计		35 000 元	7.5 元/工时	95 000	155 000
	包装准备次数			25 次	30 次
包装准备			800 元/次	20 000	24 000
检　验		80 000 元	2 100 元/次	132 500	143 000
小　计		80 000 元	2 900 元/次	152 500	167 000
订 单 数				120 件	150 件
验　收		6 000 元	200 元/件	30 000	36 000
合　计		121 000 元	3 127.5 元/件	477 500	758 000

一般物流成本预算假设成本是由单一的因素——直接人工小时驱动的，并以此来计算实际作业水平下的预计成本。而实际中成本常常是由多个动因驱动的，一般物流成本预算的作业成本会产生误导。作业物流弹性成本预算建立在多动因的基础之上，采用同一成本动因的作业归为一组，物流预算就可以准确预测不同作业用量水平下的成本。作业物流弹性预算中

直接材料、人工和物料消耗的预算数与一般物流弹性预算相同，而其他项目的预算数则相差很大。

对于物流成本差异分析而言，假设实际成本与表 4—1—6 中的预计成本比较，实际作业用量水平与第一列预计水平相同，表 4—1—7 是相应的业绩报告，比较结果是存在 18 000 元的有利差异。但是，这种比较分析不能说明经营过程、方式变化或改善情况下差异产生的原因。如果以检验成本为例，设预计固定检验成本 80 000 元是两个检验人员的工资 40 000 元/人，每人的有效检验能力是 20 批，实际检验成本为 82 000 元，实际变动成本为 43 500 元，这样一来可以进一步看清差异产生的原因，表 4—1—8 显示不利的固定成本差异为 2 000 元，有利的变动成本差异为 9 000 元。

表 4—1—7　　作业业绩报告　　元

项目	实际成本	预计成本	预算差异
直接材料	101 000	100 000	1 000
直接人工	80 000	80 000	0
物料用品	23 000	20 000	3 000
维修	55 000	64 000	−9 000
电力	29 000	31 000	−2 000
检验	125 000	132 500	−7 500
包装准备	21 000	20 000	1 000
验收	24 000	30 000	−6 000
合计	458 000	477 500	−19 500

表 4—1—8　　固定作业与变动作业差异分析　　元

项目	实际成本	预计成本	预算差异
检验			
固定	82 000	80 000	2 000
变动	43 500	52 500	−9 000
合计	125 500	132 500	−7 000

进一步扩展对固定作业差异的分析，其中检验作为非增值作业最终可以被消除，固定作业分配率为 80 000/40＝2 000，则耗费差异＝82 000－2 000×40＝2 000 元，业务量耗费＝2 000×40－2 000×0＝80 000 元。闲置能力差异是作业可用量和实际用量之间的差异，即 2 000×40－2 000×25＝30 000 元，这里说明检验资源的供给量超过了需求。

由以上分析可以看出，作业物流弹性预算具备了对作业产出计量变化引起的物流作业成本变动进行确认和分析的能力，管理人员可以据此进行详细的计划，监控过程变化和作业改善的实施。

第二节　物流成本控制

物流成本控制是采用特定的理论、方法、制度等对物流各环节发生的费用进行有效的计划和管理。

一、物流成本控制的含义

物流成本控制是指在物流过程中，对物流成本形成的各种因素，按照事先拟订的标准严格加以监督，发现偏差就及时采取措施加以纠正，从而使物流过程中的各项资源消耗和费用开支限制在标准规定范围之内的管理方法。

物流成本控制可以分为广义的物流成本控制和狭义的物流成本控制。广义的物流成本控制，是贯穿于物流的各个阶段，具体包括事前控制、事中控制和事后控制；狭义的物流成本控制，仅指事中控制，是指在物流过程中，从物流过程开始到结束对物流成本形成和偏离物流成本要素指标的差异所进行的日常控制。

二、物流成本控制的作用

物流成本控制在企业物流成本管理过程中可以发挥巨大的作用，对提高企业物流活动的竞争力至关重要，主要表现在三个方面。

1. 能够激发职工对物流成本控制的责任感

建立物流责任成本控制制度，把物流成本按相关标准划分成经济责任，层层落实到部门、物流过程直至个人，把物流成本信息处理及工作考核，与各有关的物流成本控制指标紧密联系到一起，可以增强各部门、单位、个人的责任感，促进其在责权范围内，对物流成本行使控制权，达到降低物流成本、提高企业经济效益的目的。

2. 加强企业管理部门对物流各部门的业绩考核监督

物流成本控制能够使物流各部门、单位明确责任权限之后，有了考核业绩的目标，是好是坏一目了然，能够有效地改变物流过程中的职责不清、功过难分的现象。由于功过分明便于奖惩，能充分调动物流部门的积极性和创造性，达到物流成本控制的目的。

3. 促使节约资金并合理利用资金

物流成本在企业成本中占有很大的比例，需要投入大量的人力、物力和财力，如果组织和处理不当，就会造成较大的损失和浪费。应把物流设备和物流活动看作一个系统，各物流要素同处于该系统之中，发挥着各自的功能和作用。努力提高物流效率，可以减少资金占用，缩短物流周期，降低储存费用，从而节省物流成本。

三、物流成本控制的手段

1. 制定物流成本标准

物流成本标准是物流成本控制的准绳，物流成本标准首先包括物流成本预算中规定的各项指标，但物流成本预算中的一些指标都比较综合，还不能满足具体控制的要求，必须规定一系列具体的标准。确定具体标准的方法如下：

（1）计划指标分解法

计划指标分解法即将大指标分解为小指标，分解时可以按部门、单位分解，也可以按功

能分解。

（2）预算法

预算法是用制定预算的办法来制定控制标准，例如有些企业是根据年度的生产销售计划来制定费用开支预算，并将其作为物流成本控制的标准。采用这种方法特别要注意从实际出发来制定预算。

（3）定额法

定额法是建立起定额和费用开支限额，并将这些定额和限额作为控制标准来进行控制。在企业里，凡是能建立定额的地方，都应把定额建立起来。实行定额控制的办法有利于物流成本控制的具体化和经常化。

在采用上述方法确定物流成本控制标准时，一定要进行充分调查研究和科学计算。同时还要正确处理物流成本指标与其他技术经济指标的关系（如和质量、生产效率等关系），从完成企业的总体目标出发，经过综合平衡，防止片面性。必要时还应进行多种方案的择优选用。

2. 监督物流成本的形成

根据控制标准，对物流成本形成的各个项目经常地进行检查、评比和监督。不仅要检查指标本身的执行情况，而且要检查和监督影响指标的各项条件，如设备、工作环境等。所以物流成本日常控制要与生产作业控制等结合起来进行。

日常控制不仅要由专人负责和监督，而且要使费用发生的执行者实行自我控制。还应当在责任制中加以规定。这样才能调动全体职工的积极性，使物流成本的日常控制有群众基础。

3. 及时纠正偏差

针对物流成本差异发生的原因，查明责任者，根据具体情况分出轻重缓急，提出改进措施，加以贯彻执行。对于重大差异项目的纠正，一般采用下列程序：

（1）提出课题

从各种物流成本超支的原因中提出降低物流成本的课题。这些课题首先应当是那些物流成本降低潜力大、各方关心、可能实行的项目。提出课题的要求，包括课题的目的、内容、理由、根据和预期达到的经济效益等。

（2）讨论和决策

课题选定以后，应发动有关部门和人员进行广泛的研究和讨论。对重大课题，要提出多种解决方案，然后进行各种方案的对比分析，从中选出最优方案。

（3）贯彻执行确定的方案

确定方案实施的方法步骤及负责执行的部门和人员，在执行过程中也要及时加以监督检查。方案实现以后，还要检查方案实现后的经济效益，衡量是否达到了预期的目标。

四、物流标准成本及其管理

1. 物流标准成本的制定

进行物流成本控制，先要制定物流成本控制标准。物流标准成本是指经过调查分析和运用技术测定等科学方法制定的在有效经营条件下应该实现的成本，主要有三个标准成本项目的制定，即直接材料、直接人工和物流服务费用的标准成本。每一个标准成本项目都是价格标准和用量标准的乘积，三个标准成本项目的数据相加可得单位物流服务标准成本。

(1) 物流直接材料标准成本的制定

物流直接材料标准成本由物流直接材料价格标准和物流直接材料用量标准确定。计算公式如下：

物流直接材料标准成本=价格标准×用量标准

直接材料标准成本常见于物流活动中的包装和流通加工，因为这些活动往往需要使用各种材料。直接材料价格标准应能反映目前市价、未来市场的走势，以及批量采购的优势。价格标准应包括发票价格、运费、检验费用和正常损耗等，所以需要在征询采购部门的意见后制定，用量标准应根据企业物流作业流程状况和管理要求等制定。

(2) 物流直接人工标准成本的制定

物流直接人工标准成本由物流工资率标准和物流人工用量标准确定。计算公式如下：

物流直接人工标准成本=标准工资率×工时标准

物流直接人工标准成本的制定基本上涉及物流活动的各环节，例如流通加工工人的工资标准和铲车司机的工资标准的制定。在制定标准成本时，如果是计件工资，标准工资率就是计件工资单价；如果是计时工资，标准工资率是单位工时工资，可由标准工资总额除以标准总工时得到。对工时标准则需要根据现有物流运作技术条件，测算提供某项物流服务所需的时间，包括调整设备时间、直接服务操作时间、工间休息时间等。

(3) 物流服务费用标准成本的制定

物流服务费用标准成本分为变动物流服务费用标准成本和固定物流服务费用标准成本。

1) 变动物流服务费用标准成本。变动物流服务费用标准成本由变动物流服务数量标准和变动物流服务价格标准确定。数量标准可采用单位物流服务直接人工工时标准、机械设备工时标准或其他标准，但需与变动物流服务费用存在较好的线性关系。价格标准即每小时变动物流服务费用的标准分配率，根据变动物流服务费用预算除以数量标准总额得到。在采用单位物流服务直接人工工时标准时，变动物流服务费用标准成本的公式为：

变动物流服务费用标准成本=单位物流服务直接人工标准工时×每小时变动物流服务费用的标准分配率

其中：

每小时变动物流服务费用的标准分配率=变动物流服务费用预算总额/物流直接人工标准总工时

变动物流服务费用标准成本的例子很多，例如装卸搬运活动中使用的润滑油和配件的标准成本。在各部分变动物流服务费用标准成本确定后，将它们加总就得到变动物流服务费用的单位标准成本。

2) 固定物流服务费用标准成本。固定物流服务费用标准成本由固定物流服务数量标准和固定物流服务价格标准确定。数量标准和价格标准的确定与变动物流服务费用相同。在采用单位物流服务直接人工工时标准时，固定物流服务费用标准成本公式为：

固定物流服务费用标准成本=单位物流服务直接人工标准工时×每小时固定物流服务费用的标准分配率

其中：

每小时固定物流服务费用的标准分配率=固定物流服务费用预算总额/物流直接人工标

准总工时

固定物流服务费用标准成本的例子很多，例如仓库租赁费和仓库管理人员工资标准。在各部分固定物流服务费用标准成本确定后，将其汇总就得到固定物流服务费用的单位标准成本。

将所得的物流直接材料、直接人工和服务费用的标准成本汇总，就可以确定有关物流服务的完整物流标准成本。

2. 物流成本差异的计算与分析

物流标准成本是一种预定的成本水平。在实际物流运作过程中，由于某些企业主观因素和市场客观因素的作用，物流的实际成本往往与标准成本不一致，即物流成本差异。当两者之差为负数时，称为有利差异；反之，称为不利差异。物流标准成本由物流直接材料、物流直接人工和物流服务费用三大部分组成，物流成本差异也相应分为物流直接材料成本差异、物流直接人工成本差异和物流服务费用差异三部分。

管理部门通过观察、分析差异，就可了解各部门的效率，提高对物流经营活动的调控能力，并利用差异来评价各责任部门的业绩。导致成本差异的原因各种各样，总差异往往是多种因素综合作用的结果，但从计算的角度看，这些因素可归结为“用量因素”和“价格因素”两类，由这两种因素变动形成的差异分别称为用量差异和价格差异。成本差异分析的基本方法就是将物流直接材料、物流直接人工和物流服务费用三部分差异分别分解为用量差异和价格差异。计算差异的通用模型为：

(1) 实际价格×实际用量
(2) 标准价格×实际用量
(3) 标准价格×标准用量

(1)－(2)＝价格差异
(2)－(3)＝用量差异

(1)－(3)＝总差异

(1) 物流直接材料成本差异分析

物流直接材料成本差异由物流直接材料价格差异和物流直接材料用量差异组成，可用公式表示为：

物流直接材料成本差异＝物流直接材料实际成本－物流直接材料标准成本

物流直接材料用量差异＝(材料实际用量－材料标准用量)×材料标准价格

物流直接材料价格差异＝(材料实际价格－材料标准价格)×材料实际用量

多种原因可能造成物流直接材料用量差异，如采用了新的包装技术，但用料标准未随之改变；操作工人技术不过关，责任心差等。这类差异的责任一般应由操作部门承担。导致价格差异的原因也很多，如没有按经济批量进行采购；采购时舍近求远等。这类差异的责任一般应由采购部门承担。

(2) 物流直接人工成本差异分析

物流直接人工成本差异由物流直接人工效率差异和物流直接人工工资率差异组成，可用公式表示为：

物流直接人工成本差异＝物流直接人工实际成本－物流直接人工标准成本

物流直接人工效率差异＝(实际人工工时－标准人工工时)×标准工资率

物流直接人工工资率差异＝(实际工资率－标准工资率)×实际人工工时

物流直接人工效率差异的形成原因是多方面的，如用人不当，作业工人经验不足，路况差导致额外运输时间，物流机械设备陈旧、低效等。这类差异的主要责任应由操作部门承担。导致工资率差异的原因也很多，如工资制度的变动，临时工的变动等，劳动人事部门一般应对这类差异负责。

（3）物流服务费用成本差异分析

物流服务费用成本差异，分为变动物流服务费用成本差异和固定物流服务费用成本差异。

1）变动物流服务费用成本差异分析。变动物流服务费用成本差异由变动物流服务费用效率差异和变动物流服务费用耗费差异构成，可用公式表示为：

变动物流服务费用成本差异＝变动物流服务费用实际成本－变动物流服务费用标准成本

变动物流服务费用效率差异＝(实际工时－标准工时)×变动物流服务费用标准分配率

变动物流服务费用耗费差异＝(变动物流服务费用实际分配率－变动物流服务费用标准分配率)×实际工时

引起变动物流服务费用效率差异的原因与引起物流直接人工效率差异的原因基本相同。变动物流服务费用耗费差异的形成往往是因为变动物流服务费用开支额或工时耗费发生变化，责任一般在物流操作部门。

2）固定物流服务费用成本差异分析。固定物流服务费用成本差异由固定物流服务耗费差异、闲置能量差异和效率差异组成，可用公式表示为：

固定物流服务费用成本差异＝固定物流服务费用实际成本－实际物流作业量的标准成本

固定物流服务费用耗费差异＝固定物流服务费用实际成本－固定物流服务费用标准成本

固定物流服务费用闲置能量差异＝(计划物流作业量标准工时－实际物流作业量标准工时)×标准费用分配率

固定物流服务费用效率差异＝(实际物流作业量标准工时－实际物流作业量实际工时)×标准费用分配率

固定服务费用效率差异产生的原因与人工效率差异的原因大致相同。导致闲置能量差异的原因往往是开工不足，车辆开动率和仓容利用率低，责任一般应由管理部门承担；耗费差异的原因比较复杂，如标准成本制定得不切实际，实际物流服务量少于计划量等。对这类差异要进行更深入分析，才能分清责任部门。

通过分析标准成本差异产生的原因，找到责任部门，就可以采取积极有效的措施，控制不恰当差异，降低物流成本。

【例 4—3】设某企业物流标准成本资料见表 4—2—1，实际成本资料见表 4—2—2。

表 4—2—1　　物流标准成本资料

成本项目	标准单价或标准分配率	标准用量	标准成本（元）
物流直接材料	1（元/千克）	150（千克）	150
物流直接人工	5（元/工时）	10（工时）	50
变动物流服务费用	2（元/工时）	10（工时）	20
物流变动成本合计			220
固定物流服务费用	1（元/工时）	10（工时）	10
单位物流标准成本			230

表 4—2—2　物流实际成本资料

成本项目	实际单价或实际分配率	实际用量	实际成本（元）
物流直接材料 物流直接人工 变动物流服务费用	1.10（元/千克） 5.20（元/工时） 1.80（元/工时）	148（千克） 9.5（工时） 9.5（工时）	162.8 49.4 17.1
物流变动成本合计			229.3
固定物流服务费用	1.20（元/工时）	9.5（工时）	11.4
单位物流实际成本			240.7

该企业预计全月计划物流作业量标准总工时为 5 000 工时，提供物流服务 500 次，实际提供物流服务 520 次，购入直接材料 80 000 千克。请计算该企业的物流成本差异。

解：

1. 计算物流直接材料成本差异

（1）物流直接材料价格差异以采购量为基础计算

物流直接材料价格差异＝(1.1－1)×80 000＝8 000 元

物流直接材料用量差异＝(148×520－150×520)×1＝－1 040 元

由于价格差异以采购量为基础计算，与实际耗用量不同，故无法计算实际成本与标准成本的差异总额。这一计算方法的优点在于能给管理部门及时提供材料采购的差异信息。在责任会计制度下，该方法有利于分清经济责任。

（2）直接材料价格差异以耗用量为基础计算

直接材料价格差异＝[(1.1－1)×148]×520＝7 696 元

直接材料价格差异＝(148×520－150×520)×1＝－1 040 元

直接材料成本差异＝7 696－1 040＝6 656 元

直接材料价格差异以耗用量为基础计算的，优点在于与用量差异以同一耗用量为基础计算，可给管理部门提供物流直接材料成本差异的信息。

2. 计算物流直接人工成本差异

物流直接人工工资率差异＝(5.2－5)×9.5×520＝988 元

物流直接人工效率差异＝(9.5－10)×520×5＝－1 300 元

物流直接人工成本差异＝988－1 300＝－312 元

3. 计算变动物流服务费用成本差异

变动物流服务费用耗费差异＝(1.8－2)×9.5×520＝－988 元

变动物流服务费用效率差异＝(9.5－10)×520×2＝－520 元

变动物流服务费用成本差异＝－988－520＝－1 508 元

4. 计算固定物流服务费用成本差异

固定物流服务费用耗费差异＝固定物流服务费用实际成本－固定物流服务费用标准成本

＝实际工时×实际分配率－标准工时×标准分配率

＝1.2×9.5×520－1×10×500＝928 元

固定物流服务费用闲置能量差异＝（计划物流作业量标准工时－实际物流作业量标准工时）×标准费用分配率

＝（10×500－9.5×520）×1＝60元

固定物流服务费用效率差异＝（实际物流作业量标准工时－实际物流作业量实际工时）×标准费用分配率

＝（9.5×520－10×520）×1＝－260元

固定物流服务费用成本差异＝928＋60－260＝728元

五、物流目标成本及其管理

1. 物流目标成本的概念

物流目标成本是指根据预计可实现的物流营业收入扣除目标利润计算出来的成本，它是目标管理思想在成本管理工作中应用的产物。

2. 目标成本法概述

目标成本法在物流成本控制中可以发挥作用。目标成本法是为了更有效地实现物流成本控制的目标，使客户需求得到最大限度的满足，从战略的高度分析，与战略目标相结合，使成本控制与企业经营管理全过程的资源消耗和资源配置协调起来，因而产生的成本控制方法。

目标成本法是一种全过程、全方位、全人员的成本管理方法。全过程是指供应链产品生产到售后服务的一切活动，包括供应商、制造商、分销商在内的各个环节；全方位是指从生产过程管理到后勤保障、质量控制、企业战略、员工培训、财务监督等企业内部各职能部门各方面的工作及企业竞争环境的评估、供应链管理、知识管理等；全人员是指从高层经理人员到中层管理人员、基层服务人员、一线生产员工等。目标成本法在作业成本法的基础上考察物流作业的效率、人员的业绩、物流的成本，弄清楚每一项资源的来龙去脉，每一项物流作业对整体目标的贡献。总之，传统成本法局限于事后的成本反映，而没有对成本形成的全过程进行监控；作业成本法局限于对现有作业的成本监控，没有将物流的作业环节与客户的需求紧密结合。而目标成本法则保证企业的产品以特定的功能、成本及质量生产，然后以特定的价格销售，并获得令人满意的利润。

目标成本法与传统成本管理方法的明显差异在于，物流成本的管理不是局限于企业内部来计算成本。因此，需要更多的信息，如企业的竞争战略、产品战略及供应链战略等。一旦有了这些信息，企业就可以从产品开发、设计阶段到制造阶段，以及整个物流的各环节进行成本管理。在目标成本法引用的早期，通常企业首先通过市场调查来收集信息，了解客户愿意为这种产品所支付的价格，以及期望的功能、质量，同时还应掌握竞争对手所能提供的产品状况。公司根据市场调查得到的价格，扣除所需要得到的利润及为继续开发产品所需的研究经费，这样计算出来的结果就是产品在制造、分销和产品加工处理过程中所允许的最大成本，即目标成本，用公式表示是：产品目标成本＝售价－利润。

一旦建立了目标成本，企业就应想方设法来实现目标成本。为此，要应用价值工程等方法，重新设计物流过程与分销物流服务体系。一旦企业寻找到在目标成本点满足客户需求的方法，或者企业产品被淘汰以后，目标成本法的工作流程也就宣告结束。目标成本法将客户需求置于企业制定和实施产品战略的中心地位，将满足和超越在产品品质、功能和价格等方面的客户需求作为实现和保持产品竞争优势的关键。

3. 目标成本法的三种形式

企业物流的方式不同，选择的目标不同，选择的物流目标成本控制方法也不同。一般说来，目标成本法主要有三种形式，即基于价格的目标成本法、基于价值的目标成本法、基于作业成本管理的目标成本法。

（1）基于价格的目标成本法

这种方法最适用于接受订单来生产或者供货的企业，这种情况下客户的需求相对稳定。这样企业所提供的产品或服务变化较少，也就很少引入新产品。目标成本法的主要任务就是在获取准确的市场信息的基础上，明确产品的市场接受价格和所能得到的利润，并且为成员的利益分配提供较为合理的方案。在基于价格的目标成本法实施过程中，企业之间达成利益水平和分配时间的一致，是最具成效和最关键的步骤。应该使所有物流过程中的企业都获得利益，但利益总和不得超过最大许可的物流成本，而且，达成的价格应能充分保障企业的长期利益和可持续发展。

（2）基于价值的目标成本法

市场需求变化较快，需要产品有相当的柔性和灵活性，特别是在交易型物流关系的情况下，往往采用这种方法。为了满足客户的需要，要求企业向市场提供具有差异性的高价值的产品，这些产品的生命周期多半不长，这就增大了物流运作的风险。因此，必须重构物流过程，以使企业的核心能力与客户的现实需求完全匹配。有效地实施基于价值的目标成本法，通过对客户需求的快速反应，能够实质性地增强企业的整体竞争能力。然而，为了实现企业冲突的最小化和减少参与物流的阻力，企业必须始终保持公平的合作关系。基于价值的目标成本法以所能实现的价值为导向，进行目标成本控制，即按照物流过程中各种作业活动创造价值的比例分摊目标成本，这种按比例分摊的成本成为支付给企业的价格。一旦确定了物流作业活动的价格或成本，就可以运用这种目标成本法来识别能够在许可成本水平下完成的物流作业活动，并选择对企业最有利的物流方案。

许多企业发现自己始终处于客户需求不断变化的环境中，变换物流程序的成本非常高。要使企业的物流顺利进行，必须找到满足总在变化的客户需求的方法。在这样的物流环境下，基于价值的目标成本法仍可按照价值比例分摊法在物流作业活动间分配成本，从而确定物流各项作业成本，以保证物流过程中的各种成本正好与许可的目标成本相一致。

（3）基于作业成本管理的目标成本法

这种方法要求所有客户的需求是一致的、稳定的和已知的，通过协同安排实现物流过程的长期稳定。为有效运用这种方法，要求物流过程能够控制和减少总成本，并使得企业能由此而获益。因此，企业必须尽最大的努力以建立作业成本模型，并通过对整体物流过程的作业分析，找出其中不增值的部分，进而从物流作业成本模型中扣除不增值作业，以设计联合改善成本管理的作业方案，实现物流总成本的合理化。

目标成本法的作用在于激发和整合企业的物流过程，以连续提升物流企业的成本竞争力。因此，基于作业成本管理的目标成本法实质上是以成本加成定价法的方式运作，企业的物流价格由去除浪费后的完成物流作业活动的成本加市场利润构成。这种定价方法促使企业剔除基于自身利益的无效作业活动。诚然，企业通过“利益共享”获得的利益必须足以使其致力于物流的完善与发展，而不为优化局部物流成本的力量所左右。

目标成本法追求物流总成本的合理化，而不是物流某个功能成本的最小化。物流成本控制的目标是通过企业物流过程各环节的共同努力，创造企业物流的整体竞争优势。而传统成本管理方法的企业单个部门的成本最低或是客户满意的最大化，损害了企业物流的整体绩效。为了适应目标成本法物流成本控制管理模式，企业必须剔除传统成本法，实施目标成本法，以有效提高客户满意程度，增强整个企业物流的竞争力。

4. 物流目标成本的制定程序

物流目标成本的制定程序会因企业物流活动内容的不同而不同，但大体上可以分为五个阶段，即物流目标成本的初步确定、物流目标成本可行性分析、物流目标成本分解、实现物流目标成本、物流目标成本的追踪考核与修订物流目标成本。

（1）物流目标成本的初步确定

在这一过程中首先根据企业经营目标确定预计服务收入，其次是根据企业的物流经营决策确定目标利润，物流目标成本可以根据预计服务收入减去物流目标利润后的差额来确定，即：

物流目标成本＝预计服务收入－物流目标利润

预计物流目标利润的方法如下：

1）目标利润率法。目标利润率法是根据有关的目标利润率指标来测算企业的物流目标利润的一种方法，其计算公式为：

物流目标利润＝预计服务收入×同类企业平均服务利润率

或：物流目标利润＝本企业净资产×同类企业平均净资产利润率

或：物流目标利润＝本企业总资产×同类企业平均资产利润率

【例 4—4】某企业物流运输的同类企业平均服务利润率为 17.764%，预计本年服务量为 408 万吨/千米，服务的市场价格为 1 元/吨千米。

物流目标利润＝408×1×17.764%＝72.5 万元

物流目标总成本＝408×1－72.5＝335.5 万元

物流目标单位成本＝335.5/408＝0.82 元/吨千米

采用目标利润率法的理由是：本企业必须达到同类企业的平均报酬水平，才能在竞争中生存。有的企业甚至使用同类企业先进水平的利润率来预计目标成本，其理由是别人能办到的事情自己也应该做到。

2）上年利润基数法。上年利润基数法是指在上年利润的基础上计算物流目标利润，其计算公式为：

物流目标利润＝上年物流利润×利润增长率

采用上年利润基数法的理由是：未来是历史的继续，应考虑现有基础（上年利润）；未来不会重复历史，要预计未来的变化（利润增长率），包括环境的改变和自身的进步。有时候上级主管部门或董事会对利润增长率有明确的要求，也促使企业采用上年利润基数法。按上述方法计算出的物流目标成本只是初步设想，提供了一个分析问题的合乎需要的起点。它不一定完全符合实际，还需要对其可行性进行分析。

（2）物流目标成本可行性分析

物流目标成本可行性分析是指对初步测算得出的物流目标成本是否切实可行做出的分析和判断，包括预计服务收入、物流目标利润和目标成本等内容的分析。

预计服务收入的分析可以通过市场调研来完成，调查客户需要的物流服务功能和特色，也可以对竞争者进行分析，掌握竞争者物流服务的功能、价格、品质和服务水平等有关资料，并与本企业的资料进行对比，在进行客户需求研究、竞争者分析之后，可以通过比较确定本企业的预计服务收入的可行性。企业分析物流目标利润应与企业的中长期目标及利润计划相配合，同时考虑销售、利润、投资回报、现金流量、物流服务的品质、成本结构、市场需求、销售政策等因素的影响。最后是企业根据自身实际成本的变化趋势、同类企业的成本水平，充分考虑成本节约的能力，分析物流目标成本的可行性。

（3）物流目标成本分解

物流目标成本分解是指设立的物流目标成本通过可行性分析后，将其自上而下按照企业的组织结构逐级分解，落实到有关的责任中心。物流目标成本的分解通常不是一次完成的，需要一定的循环，不断修订，有时甚至修改原来设立的目标。物流目标成本分解的方法如下：

1）按管理层次分解。即将物流目标成本按总公司、分公司、组、个人等进行分解。这是一种自上而下的过程。

2）按管理职能分解。即将物流目标成本在同一管理层次按职能部门分解。例如，推广部门负责推广费用、配送部门负责配送费用、运输部门负责运输费用、劳资部门负责工资成本、后勤部门负责燃料和动力费用、行政部门负责办公费用等。

3）按服务结构分解。即把服务成本分成各种材料消耗成本或人工成本，分派给各责任中心。

4）按服务形成过程分解。即按服务设计、服务材料采购、服务的提供、服务的推广过程分解成本，形成每一过程的目标成本。

5）按成本的经济内容进行分解。即把服务成本分解成固定成本和变动成本；再将固定成本进一步分解成折旧费、日常费、办公费、差旅费、修理费等项目，把年度目标成本分解为季度或月份成本目标，甚至分解成旬或日的成本目标；把变动成本分解为直接材料、直接人工等各项变动费用。

上述方法，要根据企业物流组织结构和成本形成过程的具体情况，选择采用。

（4）实现物流目标成本

实现物流目标成本，首先要通过企业目前的物流成本与目标成本相比较，计算出成本差距。然后通过运用价值工程、成本分析等方法寻求最佳的物流过程设计，用最低的成本达到客户需求的功能、安全性、品质等。如果此时计算出的最佳物流过程设计下的成本仍高于目标成本，则重复应用上述手段寻求最佳成本。

（5）物流目标成本的追踪考核与修订物流目标成本

此项工作包括对企业物流活动的财务目标和非财务目标完成状况的追踪考核、调查客户的需求是否得到满足、市场变化对物流目标成本有何影响等事项，并根据上述各阶段物流目标成本的实现情况对其进行修订。

5. 物流目标成本控制的方法

物流目标成本确定后，企业就需组织物流、技术、采购、生产、销售和会计等方面人员重新设计物流过程与分销物流服务方式，想方设法来实现目标成本。其中价值工程是评价设计方案的一种系统性、基础性的方法。

（1）价值工程的含义

企业物流成本的各项费用，虽然大多数是在物流经营过程中实际发生的，但企业的物流活动应该发生哪些费用，数量是多少，在很大程度上是由物流活动开始前的物流系统设计所决定的。因此，物流成本的控制可以在物流系统设计阶段，通过对物流系统的价值工程分析，选择最佳方案并确定相应的最低目标成本。

价值工程是以功能分析为中心，使物流的各项作业达到适当的价值，即用最低的成本来实现和创造物流服务应具备的必要功能的一项有组织的活动。它有以下三个方面的含义：

1）价值工程是以最低的成本去实现某项物流作业活动的必要功能，以使物流作业达到最佳价值。功能是某项物流作业所负担的职能或所起的作用。功能首先以满足消费者的需求为前提条件，功能的提高是无限的，但同时受客户需求和成本的制约。价值工程就是要确定物流服务的必要功能，避免功能过剩（物流服务功能多于或高于客户所必需的）和功能不足（功能达不到客户的要求）现象的发生。成本则是指物流服务的寿命周期成本，即为实现物流服务的必要功能在整个物流服务过程中发生的成本。价值工程就是在保证物流服务必要功能的前提下，使其寿命成本最低。这里的价值要从功能和成本的关系上来理解，即物流服务的功能和成本的比值，它反映了物流服务物美价廉的程度。物流服务功能与成本之间的关系如下：

$$\text{价值}=\text{功能}/\text{成本}$$

$$\text{即 } V=F/C$$

式中 V——价值；

C——成本；

F——物流服务各组件的功能。

价值工程是根据物流服务成本和功能的内在联系，通过科学的比较分析，从中找出最佳价值。由于物流服务的功能受客户需求的限制，而客户的需求又受物流服务寿命周期成本的制约。因此，开展价值工程既不能脱离客户成本的约束，片面追求高功能，也不能脱离客户的需求，片面追求低成本，造成物流服务的必要功能不足。价值工程的真正目的在于既实现物流服务的必要功能，又要降低物流服务的寿命周期成本，追求物流服务的最佳价值。要实现这个目的，只能从提高功能和降低成本两个方面入手。

2）价值工程的核心问题是对物流服务活动进行功能分析。在物流过程和物流服务方式设计时，着重对物流服务功能的分析研究，确定实现必要功能最优方案的有效方法。通过功能分析可以发现哪些功能是客户需要的，哪些功能是不必要的，哪些功能是过剩的，哪些功能是不足的，并在改进方案中提出新的解决方法，去掉不必要的功能，削减过剩的功能，弥补不足的功能，从而使物流服务活动的功能更加合理，以达到既能满足客户需求，保证必要的功能，又能降低物流服务活动的寿命周期成本。

3）价值工程作为一整套的科学方法，是运用集体智慧的一项有组织的活动。由于价值工程既要降低成本，又要提高功能，涉及企业物流经营活动的方方面面，因此，要有效开展价值工程活动就需要将各部门的专业人员组织起来，紧密配合，运用各方面的知识，充分发

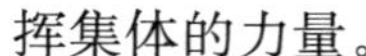

挥集体的力量。

(2) 价值工程的程序

价值工程活动就是一个发现和解决问题的过程，具体开展包括如下几个阶段：

1) 正确选择对象。企业没有必要对所有的物流服务活动都进行价值分析，也没有必要对一项物流服务活动的所有方面都进行价值分析，而应有所选择。一般而言，要选择那些频率比较高、服务量比较大或成本结构中过高的物流服务活动作为分析研究的对象。

2) 根据对象的性质、范围和要求，收集可靠的信息。包括企业的基本情况，如经营方针、产品品种、产量、质量等；有关的技术和经济资料，如本企业或同类物流服务活动的内容、方式、流程及成本的发生；客户的有关意见，如客户对物流服务的要求、目前所存在的问题等。

3) 进行功能、成本和价值分析。首先要把价值工程的对象所具有的功能细致地加以研究，了解其作用。即分析对象在物流服务活动过程中所采取的每一流程、每道工序、每项作业对构成物流服务活动的最终价值所起的作用和承担的职能，没有是否影响物流服务活动的使用价值，有无其他形式代替等。所有这些工作就是给每个分析对象的功能下定义的过程，实际上也是发现问题的过程。其次，就是对已下定义的功能进行分类和整理，即分析出哪些是基本功能，哪些是辅助功能，哪些功能是客户需要的，哪些功能是客户不需要的，哪些功能过剩，哪些功能不足，以及各功能之间的关系。通过功能整理可以具体把握需要改进的功能范围，为进一步提出功能改进方案提供依据。最后，要进行功能评价，先是针对不同的分析对象进行评价，然后与现实成本相互比较，求出各分析对象的价值系数。功能评价有许多方法，下面介绍评分法、功能价值评价和成本降低幅度评价。

①评分法的含义。评分法即采用 5 分制、10 分制或 100 分制按物流服务活动各方面的重要性打分。例如，改进某物流服务方式的三种备选方案，从及时性、流程复杂性、操作方便、耗时、准确性、安全性等方面按 10 分制评分，具体见表 4—2—3。

表 4—2—3　　功能评分表

方案	及时性	流程复杂性	操作方便	耗时	准确性	安全性	总分
1	5	10	10	7	4	9	45
2	9	5	8	5	6	4	37
3	9	8	10	8	7	9	51

方案 2 总分最低，初选淘汰。然后根据估计成本再做比较，见表 4—2—4。

表 4—2—4　　估计成本比较表　　元

方案	一次固定费用	直接材料人工费用	总成本
1	30	150	180
3	20	164	184

最后进行价值分析。设方案 1 的成本系数为 100，则方案 3 的成本系数为：

$$(184/180)\times 100=102.22$$

所以，方案 1 和方案 3 的价值系数分别为：

$$V_1 = 45/100 = 0.45$$

$$V_3 = 51/102.22 = 0.498\,9$$

对比后选择方案 3。

②功能价值和成本降低幅度评价。即按价值系数分配目标成本，并求出功能价值或成本的改善期望值，其中：

功能价值＝实现某一功能的目标成本/实现某一功能的现实成本

成本降低幅度＝实现某一功能的目标成本－实现某一功能的现实成本

由于一个物流服务环节往往不止一个功能，而实现一个功能往往需要不止一个物流服务环节。因此要将市场和技术预测确定的物流服务目标成本，根据有关功能的复杂和重要程度（功能评价系数），按一定标准分摊到此功能上面。其计算公式为：

某一物流服务环节目标成本＝该物流服务方式目标成本×该物流服务环节的功能评价系数

上例中的功能价值和成本降低幅度的计算结果见表 4—2—5。

表 4—2—5　　功能价值和成本降低幅度

物流服务环节	现实成本（元）	按功能评价系数分配目标成本（元）	功能价值	成本降低幅度（元）
A	237	240	1.013	－3
B	168	180	1.071	－12
C	105	90	0.857	15
D	281	180	0.641	101
E	76	90	1.184	－14
F	133	120	0.902	13
合计	1 000	900		100

4）确定最优方案。即根据上面计算和分析的结果，按客户的需求，提出若干改进价值的新方案，再把各种方案进行分析和评价后，选择功能不变使成本更低或功能更高的最优方案。原则上应选择价值系数大于 1 或小于 1 的物流服务环节作为改善对象，因为价值系数为 1，说明该物流服务环节的功能与成本平衡，不必改善；价值系数大于 1，说明功能重要性大的物流服务环节实际分配到的成本较少；价值系数小于 1，说明功能重要性较小的物流服务环节占用了过多的实际成本。因此可将后两种情况列为提高或降低成本分配的对象。如上例中物流服务环节 C、D 的价值系数都小于 1，尤其是 D 偏低，有降低成本的潜力。

寻求最优的改善方案是价值工程活动的关键，这需要组织各部门集思广益，集中物流、生产、财务、采购等部门的人员，一起讨论、评价各方案的可行性，如果测算出的最佳物流服务成本仍高于目标成本，则要继续重复上述活动。

5）求出目标成本。即根据筛选出的最优方案进行目标成本的计算，也就是将物流服务的目标成本按功能评价系数分配给各有关的物流服务环节，算出各物流服务环节的目标成本，作为对物流服务成本水平实行有效事前控制的依据。

六、物流责任成本及其管理

1. 物流责任成本的概念

物流责任成本是以责任单位为对象归集物流成本耗费。归集原则是谁负责，谁承担。

在计算考核物流责任成本时，必须按其可控性分为可控成本和不可控成本两类。凡是责任单位能控制的各种耗费为可控成本，凡是责任单位不能控制的耗费为不可控成本。

由于每个责任单位只应对其能直接控制的物流成本负责，故在编制责任预算、日常记录实际发生的物流责任成本及定期编制责任报告时，均应以该责任中心的可控成本为限。至于不可控成本，一般不予反映。

一项成本费用，是否为可控成本，不是由费用本身确定的，而是对责任单位而言的，对一个部门来说是可控成本，对另一个部门就可能是不可控成本。物流责任成本本质上是一种相对的可控成本。

2. 物流责任成本的管理

（1）合理划分物流责任中心

根据企业管理体制和经营管理的需要，划分若干责任中心（责任单位），对各自的物流成本负责，并明确各中心应承担的经济责任和拥有的经济权利。例如运输部门负责运输费用，仓储部门负责仓储费用等。

（2）确定物流责任目标

把物流成本目标分解到每一个责任中心，确定其相应的责任目标。各责任中心只对各自的可控成本负责。确定物流责任目标既明确了责任中心的工作任务，也为其提供了业绩考核标准。

（3）建立物流责任计算系统

为考核物流成本履行情况，需要建立一套完整的日常记录，计算和考核有关责任预算执行情况。借以评价和考核各有关责任中心的工作并及时反映存在的问题。

（4）建立内部协调制度

各责任中心都有自己的部门利益，为此往往需要建立监督与协调机制来规范各责任中心的运作。例如，运输部门的经理就不会认同为了降低库存成本而增加运输成本的观点，因为库存成本并不在其预算考核范围内，其业绩是通过运输成本的降低来衡量的。

（5）定期编制物流业绩报告

责任报告是有关责任中心在一定期间内经营情况的集中反映，是责任中心预算执行结果的概括说明。定期编制物流业绩报告能使各责任中心发现存在的问题，以最大限度地降低物流费用水平。

（6）考评物流工作业绩

物流工作业绩的考评也是物流责任控制的重要一环。对只发生物流成本费用的责任中心，因其只对范围内的可控成本负责，其考评指标是成本节约额和成本节约率。而对除了发生物流成本费用外，还向企业内部其他部门或外部客户收取服务费用的物流责任中心，其考评指标是毛利润和营业利润等。

物流成本涉及范围广、内容多，物流责任成本的管理既有利于将物流成本落到实处，又有利于物流成本的计算、控制和考核。

思考与练习

1. 物流成本预算的含义及作用是什么？

2. 简述物流弹性预算、零基预算、滚动预算的概念及其编制步骤。

3. 物流成本控制的含义及作用是什么？

4. 什么是物流目标成本？如何确定物流目标成本？

5. 价值工程的含义与特点是什么？引用价值工程手段进行物流成本控制主要在哪些方面？

6. 某物流企业2013年的正常物流作业量为10 000人工小时，物流费用的有关资料见表4—2—6。

表4—2—6 物流费用资料 元

项目	物流费用额
变动费用：	
包装费	2 500
运输费	2 100
搬运费	1 860
装卸费	1 340
固定费用：	
保管费	2 000
订货处理费	6 500
物流管理费	3 550
客户服务费	1 050

根据上述资料，以10个百分点为间隔，编制物流作业量在80%～110%的物流弹性费用预算。

7. 设某企业下年度可用于行政管理和产品推销的资金额为30 000元，根据各部门讨论协商提出的预算项目和所需资金如下：

房屋租金 5 000元； 办公费 3 000元；

职工薪金 5 000元； 广告费 8 000元；

差旅费 2 000元； 培训费 10 000元。

广告费和培训费的成本收益率分别为1∶20和1∶30。请为该企业编制推销管理费用的零基预算。

8. 某项物流服务变动服务费用的标准成本为：工时消耗3小时，每小时变动服务费用分配率为5元。本月实际提供500次服务，实际使用工时1 400小时，实际发生变动物流服务费用7 700元。试分析变动物流服务费用的耗费差异和效率差异。

9. 通达物流公司2013年年底着手制订2014年成本控制计划。该公司估计2014年业务量为50 000件，服务价格为20元/件。假设同类物流企业的平均服务利润率为20%。求该企业的目标利润、目标总成本、目标单位成本。

10. 某物流企业开展某项物流作业，全月物流服务费用预算为 2 100 元，其中变动物流服务费用预算为 1 400 元，固定物流服务费用预算为 700 元，全月计划物流作业量标准工时为 1 400 小时。该物流作业的标准成本见表 4—2—7。

表 4—2—7 **标准成本**

物流成本项目	数量标准	价格标准	标准成本（元）
物流直接材料	50 千克	0.20 元/千克	10.00
物流直接人工	3 小时	6.00 元/小时	18.00
物流服务费用			
物流变动服务费用	3 小时	1.00 元/小时	3.00
物流固定服务费用	3 小时	0.50 元/小时	1.50
单位物流作业标准成本	—	—	32.50

该企业本月物流作业量为 400 件，有关物流实际成本资料见表 4—2—8。

表 4—2—8 **物流实际成本资料**

摘要	实际数量	实际价格	实际成本（元）
购入直接材料	2 000 千克	0.21 元/千克	5 250.00
领用直接材料	19 000 千克		
实际物流直接人工	1 100 小时	5.90 元/小时	6 490.00
物流服务费用 变动物流服务费用	—	—	1 300.00
固定物流服务费用			710.00

根据上述资料，进行有关的成本差异分析。

第五章

物流运输成本管理

第一节　运输成本概述

运输成本是指企业在对原材料、在制品及成品的运输活动中所产生的费用，包括直接费用和间接费用。运输成本与运输量和运输里程都成正比，运输里程越长，运输量越大，运输的成本也就越高。一个运输活动，运输成本的高低也取决于运输方式的选择。运输成本的构成如下：

一、根据成本的特性划分

根据成本的特性划分，可以将运输成本划分为变动成本、固定成本、联合成本和公共成本。

1. 变动成本

变动成本是与一定的运输活动直接有关的，同时与运输量有关的各项运输费用。一旦发生运输活动，变动成本就会发生。变动成本是承运人的基本耗费，是运输能够进行的最低费用，必须从运输费中得到弥补。

2. 固定成本

固定成本是在一定时期内不变，与运输量无关的费用。即使运输没有发生，固定成本也会产生，固定成本必须在运输费中得到弥补。

3. 联合成本

联合成本是指决定提供特定的运输服务时产生的不可避免的费用（如回程运输成本）。联合成本要么由最初运输费来弥补，要么通过回程运输委托费得到弥补。

4. 公共成本（端点成本）

公共成本是运输服务在端点发生的成本，如装运、卸货、递送等活动的成本。

二、根据成本的类别划分

不同企业的运输成本会计分录名称多样，为了便于统一计算，根据成本的类别划分，可以将运输成本划分为营运成本、管理费用和财务费用。

1. 营运成本

营运成本包括实际消耗的各种燃料、物料、润料、用具；运输工具固定资产折旧费、修理费、租赁费、保险费、货物费、代理费，人员工资福利费及事故净损失费用等。

2. 管理费用

管理费用包括公司经费、工会经费、劳动保险费、土地使用税、技术转让费、技术开发费等。

3. 财务费用

财务费用包括企业营运期间发生的利息支出、汇兑净损失、调剂外汇手续费、金融机构手续费，以及筹资发生的其他财务费用等。

三、根据运输方式的不同划分

在给定条件下，某一种运输方式的潜在优势可能会是其他服务方式无法相比的，而不同的运输方式所包含的运输成本有不同的构成类别和范围，可以将运输成本按运输方式不同分为铁路运输成本、公路运输成本、水路运输成本、航空运输成本和管道运输成本等。

1. 铁路运输成本

作为货运和客运承运人，铁路部门的固定成本高，可变成本低。装卸成本，制单和收费成本，多种产品、多批货物货车的调度换车成本，导致铁路运输的端点成本很高。每批货物的运量增加及由此会导致的端点成本的下降，都将带来一定程度的规模经济效益，即每批货的运量越大，单位成本就越低。铁路维护和折旧、端点设施的折旧和管理费用也会提高固定成本的水平。铁路运输的线路成本（或可变成本）通常包括工资、燃油、润滑油和维护成本。根据定义，可变成本会随运距和运量成比例变化，但某些可变成本（如人工成本）确实存在一定程度的不可分性，所以单位可变成本会随运量和运距的增加略有下降，铁路运输部门常常将总成本的 1/2 或 1/3 当作可变成本。固定成本高和可变成本相对低造成的净结果，就是在铁路运输成本中存在明显的规模经济。将固定成本分摊到更大的运量上一般会降低单位成本。如果将固定成本分摊到更长距离的运输中，铁路的吨千米成本也会下降。

2. 公路运输成本

公路运输与铁路运输的成本特征形成鲜明对比。汽车运输的固定成本是所有运输方式中最低的，因为承运人不拥有用于运营的公路，拖挂车只是很小的经济单位，车站的运营也不需昂贵的设备。汽车运输的可变成本很高，因为公路建设和公路维护成本以公路收费、养路费的方式征收。汽车运输成本主要可分为端点费用和线路费用。端点费用包括取货和送货成本、站台装卸成本、制单费和收费成本，占汽车运输总成本的 15%～25%。这些成本以元/吨千米计算，在运输批量小于 3 000 吨时，这些成本会随运输批量变化很快。当运量超过 3 000 吨时，随着取货、送货和装卸成本分摊到更大的运量上，端点费用会持续下降，但下降的速度比小批货物运输时费用下降的速度慢得多。

3. 水路运输成本

水运承运人主要将资金投放在运输设备和端点设施上。水路和港口都是公有的，由政府运营，只有少数项目向水运承运人收费，在内陆水运中尤其如此。水运承运人预算中主要的固定成本都与端点作业有关。这些费用包括船舶进入港口时的港口费和货物装卸费。水运货物装卸速度较慢，除散货和集装箱货可以有效使用机械化物料搬运设备外，昂贵的搬运成本使得其他情况下的端点费用较高。

水运中常见的高端点成本一定程度上被很低的线路费用所抵消。水路不对使用者收费，水运的可变成本仅包括那些与运输的运营设备相关的成本。因为水运以很慢的速度、很小的牵引力进行运输，营运成本（不包括人工成本）尤其低。由于端点成本很高，线路费用很低，吨千米成本随运距和运量的变化急速下降，所以水运是最廉价的大宗货物运输方式之一，适合长距离、大批量运输。

4. 航空运输成本

航空运输与水运和公路运输的成本特征有很多相同之处。航空运输的端点和空中通道一般不为航空公司所有。航空公司根据需要以燃油、仓储、场地租金和起降费的形式购买机场服务。如果将地面装卸、取货和送货服务包括在航空货运服务中，这些成本就成为空运端点成本的一部分。此外，航空公司还拥有（或租赁）运输设备，在经济寿命周期内对其进行折旧就构成每年的固定使用费。在较短时间内，航空公司的可变成本受运距的影响比受运量的影响大。由于飞机在起飞和降落阶段效率最低，可变成本就会随着运距的加长而降低。运量对可变成本有间接影响，因为对空运服务需求的增加使得航空公司可以引入大型飞机，而大型飞机按吨千米计算的营运成本较低。

固定成本和可变成本合在一起通常使航空运输成为最贵的运输方式，短途运输尤其如此。但是，随着端点费用和其他固定开支分摊在更大的运量上，单位成本会有所降低。如果在长距离内营运，还会带来单位成本的进一步下降。

5. 管道运输成本

管道运输与铁路运输的成本特征一样。管道公司（或拥有管道的油气公司）拥有运输管道、泵站和气泵设备，拥有管道及设备的使用权。这些固定成本加上其他成本使管道的固定成本与总成本的比例是所有运输方式中最高的。为提高竞争力，管道运输的运量必须非常大，以摊销高额的固定成本。可变成本主要包括运送产品（通常为原油、成品油或天然气）的动力和与泵站经营相关的成本。线路的运量和管道的直径对动力的需求差异很大。大管道与小管道相比，周长之比不像横截面面积之比那么大。摩擦损失和气泵动力随管道周长变大而增加，而运量则随截面的增大而提高。其结果是，只要有足够大的运量，大管道的吨千米成本会迅速下降。在一定的管道规格条件下，如果运送的产品过多，管道运输的规模收益会递减。

第二节　公路运输成本管理

公路运输成本是以货币的形式来表示的完成一定运输工作量的全部费用，既包括物质资料的价值消耗，如车辆、装卸机械、房屋建筑、燃料、轮胎、配件、工具等的价值耗费，也包括活劳动的价值消耗，如人员工资等。

一、公路运输成本的分类与构成

1. 按经济用途分类

按经济用途可以将公路运输成本分为车辆直接费用和营运间接费用两部分。

（1）车辆直接费用

1）工资和福利费。指按规定支付给运营车辆司机的基本工资、工资性津贴、奖金和按比例计提的福利费。工资和福利费根据工资和福利费分配表中有关运输的部分计入运输成本。

2）燃料费。指运营车辆所耗用汽油、柴油的费用等。燃料费根据行车路单或其他有关燃料消耗报告所列的实际消耗量，计算计入成本。需要注意的是应使燃料实际消耗量与当月车辆行驶总车千米和所完成的运输周转量相符合。

3）轮胎费。指运营车辆耗用的外胎、内胎、垫带的费用支出和轮胎翻新费及零星修补费。轮胎费用按实际领用数和发生数计入成本，如外胎一次领用较多，可在一年内分月摊入运输成本。

4）修理费。指运营车辆进行维修和小修所发生的工料费、修复旧件费和车辆大修费等。修理费按维修时领用的各种材料费、配件费，直接计入运输成本。对车辆大修费用，应分月计入运输成本。

5）车辆折旧费。指运营车辆按规定方法计提的折旧费，车辆折旧费按车辆使用年限或车辆行驶里程计算，可查找财务会计中相应车辆的折旧费直接引用。

6）养路费、税金及运输管理费。指按规定向管理部门缴纳的相应费用，养路费按实际缴纳数计入运输成本。

7）车辆保险费。指向保险公司缴纳的运营车辆保险费用，如存在车辆保险费，按实际支付的投保费用和投保期，分月分摊计入运输成本。

8）事故费。指运营车辆在运行时，因行车肇事所发生的修理费、救援费、赔偿费等事故损失费用。事故费在扣除保险公司的赔偿和其他人的赔偿后，计入运输成本。

9）其他运营费。如随车工具、篷布绳索费、车辆牌照费和检查费、高速公路建设费、过桥费等。其他运营费根据实际领用数和发生数计入运输成本。

（2）营运间接费用

营运间接费用指运输企业下属的分公司、车队、车站发生的营运管理费，但不包括企业行政管理部门的管理费用。

2. 按成本性态分类

按成本性态可以将公路运输成本分为固定成本和变动成本。

（1）固定成本

固定成本是指在一定的运量范围之内与行驶里程和运量基本无关的那一部分固定的成本支出，如管理人员的工资及其提取的职工福利费、营运间接费用、管理费用等。

（2）变动成本

变动成本是指成本总额随相关业务量而正比例增减变动的成本，分为两种形式：一是车千米变动成本，随行驶里程而变动，主要包括营运车耗用燃料、营运车装用轮胎、营运车维修费、按行驶里程计提的营运车辆折旧费等，这些成本费用，无论车辆是空驶还是重载均会发生，而且随行驶里程变动而变动；二是吨千米变动成本，随运输周转量变化而变动的成本，如吨千米燃料附加、按营运收入和规定比例计算交纳的养路费、运输管理费（由于营运收入是周转量的正比函数，所以养路费与运输管理费是周转量的间接正比函数），以及按周转量计算的行车补贴等。

公路运输成本构成按成本性态进行分类，便于分析公路运输成本升降的原因，并有助于成本的预测和控制。

二、公路运输成本计算

1. 确定核算对象

汽车运输企业的营运车辆车型较为复杂。根据管理需要，可以将其按不同燃料和不同类型分类，成为成本计算对象，如果车型较少，可以直接一并计算。对于用特种大型车、集装箱车、零担车、冷藏车、油罐车等从事运输活动的企业，还应以不同类型、不同用途的车辆，分别作为单独的成本计算对象。

2. 确定计算单位

公路运输成本计算单位，是实际运送的货物吨数与运距的乘积。常用“吨千米”表示。为计量方便起见，也可以“千吨千米”作为成本计算单位。大型车组的成本计算单位可为“千吨位小时”，集装箱车辆的成本计算单位为“千标准箱千米”等。

3. 选择计算内容及方法

(1) 工资和福利费

工资和福利费有直接计入和分配计入两种方式。对有固定车辆的司机和助手的工资、津贴和福利费，由有关车型的运输成本负担，将其实际发生数直接计入运输成本的工资项目。对于没有固定车辆的司机和助手的工资及后备司机和助手的工资，则需按一定标准（一般为车辆的车日）分配计入各成本计算对象的成本，计算方法如下：

每一车日的工资分配额＝应分配的司机及助手工资总额/各车辆总车日

营运车辆应分配的工资额＝每一车日的工资分配额×营运车辆总车日

直接人工中的职工福利费，根据上述工资总额的14%的比例计提计入成本。

【例5—1】通达物流公司下设车站、货运车队及保养场等营运生产单位。运输成本和保养场生产成本由公司集中核算。

2013年12月根据工资结算表等有关资料，编制工资及职工福利费汇总表，见表5—2—1。

表5—2—1　　工资及职工福利费汇总表（2013年12月）　　元

部门及人员类别	工资总额	职工福利费（14%）
南区营运车队	61 000	8 540
司机及助手	55 000	7 700
保修工人	2 000	280
管理人员	4 000	560
北区营运车队	71 000	9 940
司机及助手	63 000	8 820
保修工人	3 000	420
管理人员	5 000	700
保养场	30 000	4 200
生产工人	23 000	3 220
管理人员	7 000	980
车站人员	5 000	700
公司管理人员	15 000	2 100
医务福利人员	2 000	280
合计	184 000	25 760

（2）燃料费

对于燃料消耗，企业应根据燃料领用凭证进行汇总分配。但必须注意，在燃料采用满油箱制的情况下，车辆当月加油数就是当月耗用数；在燃料采用盘存制的情况下，当月燃料耗用数应按如下公式确定：

当月燃料耗用数＝月初车存数＋本月领用数－月末车存数

（3）轮胎费

营运车辆领用轮胎内胎、垫带及轮胎零星修补费等，一般根据轮胎领用汇总表及有关凭证，按实际数直接计入各成本计算对象的成本。至于领用外胎，其成本差异也直接计入各成本计算对象的成本，而其计划成本如何计入各成本计算对象的成本，则有不同的处理方法。当采用外胎价值一次摊销计入成本的办法时，应根据轮胎发出汇总表进行归集与分配；发生外胎翻新费时，可根据付款凭证直接计入各成本对象的成本。

（4）保养修理费

运输企业车辆的各级保养和修理作业，分别由车队保修班和企业所属保养场（保修厂）进行。由车队保修班进行的各级保修和小修理的费用，包括车队保修工人的工资及职工福利费、行车耗用的机油和保修车辆耗用的燃料、润料、配件等，一般可以根据各项凭证汇总，全部直接计入各成本计算对象的成本。对于保修班发生的共同性费用，可按营运车日比例分配计入各车队运输成本。必须注意的是，由于营运车辆大修理一般数额较大，修理的间隔期较长，为均衡损益，一般采用预提的办法。大修理费月计提额计算公式如下：

车辆月大修理费计提额＝当月车辆行驶里程×大修理费月计提费率

大修理费月计提率＝预计大修理费用总额/车辆由新至废行驶里程定额

预计大修理费用总额＝预计大修理次数×一次大修理计划费用

预计大修理次数＝车辆由新至废行驶里程定额/大修理间隔里程定额－1

在实际工作中车辆大修理费应按各车型当月行驶的千车千米数分别计提，其计算公式如下：

千车千米大修理费用计提额＝预计大修理费用总额/车辆由新至废行驶里程定额×1 000

（5）折旧费

运输企业计提固定资产折旧，可以采用平均年限法、工作量法、双倍余额递减法、年数总和法等，但属车辆的固定资产折旧一般采用工作量法计提。当采用工作量法时，由于外胎费用核算有两种不同的方法，所以车辆折旧的计算也有两种方法。如采用外胎价值一次摊销计入成本的方法，计提折旧时，外胎价值不必从车辆原值中扣减；如采用按行驶胎千米预提外胎费用摊入成本的方法，则计算折旧时，外胎价值就应从车辆原值中扣减，否则会出现重复摊提的现象。折旧计算公式一般如下：

车辆月折旧额＝车辆折旧率×车辆月实际行驶里程

车辆折旧率（元/千车千米）＝(车辆原值－车辆轮胎价值－预计残值＋预计清理费)/车辆由新至废行驶里程定额×1 000

（6）养路费

运输企业向公路管理部门缴纳的车辆养路费，一般按货车吨位数计算缴纳。因此，企业缴纳的车辆养路费可以根据缴款凭证直接计入各成本计算对象成本及有关费用。

（7）营运间接费用

运输企业所属基层营运单位（车队、车站、车场）为组织与管理营运过程所发生的不能直接计入成本计算对象的各种间接费用，经归集后应于月末分配计入有关成本计算对象的成本。

（8）其他费用

营运车辆发生的其他直接费用，除保养修理费、折旧费、养路费等项外，还包括其他几项有关费用，内容比较复杂，但费用发生时同样可以根据费用凭证直接计入各成本计算对象的成本。

营运车辆的公路运输管理费，一般按运输收入的规定比例计算缴纳。因此，企业缴纳的车管费可以根据交款凭证直接计入各类运输成本。

营运车辆在营运过程中因行车事故所发生的修理费、救援和善后费用，以及支付外单位人员的医药费、丧葬费、抚恤费、生活费等支出，扣除保险公司付给的赔偿收入及事故对方或过失人的赔偿款后，净损失也可根据付款、收款凭证直接计入各类运输成本。如果行车事故较为严重复杂，处理时间较长，可在发生各项支出时通过“其他应收款——暂付事故赔款”账户核算，然后逐月将已发生事故净损失转入该类运输成本。对于当年不能结案的事故，年终时可按估计净损失数预提转入运输成本；在结案的年底，再将预提损失数与实际损失数的差额转入，调整当年的有关运输成本。

车辆牌照和检验费、车船使用税、洗车费、过桥费、轮渡费、司机途中住宿费、行车杂费等费用发生时都可以根据付款凭证直接计入各类运输成本。此外，领用随车工具及其他低值易耗品，可以根据领用凭证，一次或分次摊入各类运输成本。

4. 运输总成本和单位成本的计算

运输企业完成一定运输业务所发生的直接人工、直接材料、其他直接费用和营运间接费用等运输费用总额，组成了运输总成本。运输总成本除以运输周转量得出单位成本。其计算公式如下：

运输单位成本（元/千吨千米）＝运输总成本/运输周转量（千吨千米）

第三节　海洋运输成本管理

海洋运输业务包括沿海运输业务和远洋运输业务。沿海运输业务是海运企业营运船舶在近海航线上的运输业务，运输船舶往来于国内沿海港口之间，运输距离较近，航次时间较短。远洋运输业务通常指国际航线运输业务，运输船舶往来于国内外港口之间，运输距离较远，航次时间较长。

一、海洋运输成本的含义

海洋运输成本是在完成海上运输生产过程中，所发生的生产耗费的总和，分为船舶费用和营运费用两类。

1. 船舶费用

船舶费用是指运输船舶从事运输业务所发生的各项费用。包括为保持船舶正常营运状态而发生的船舶经常性费用、船舶在航行过程中所发生的航行费用及船舶在各港口所发生的港口费用和代理业务费用等。

2. 营运费用

营运费用是指企业为管理和组织经营业务所发生的各项营运费用和业务费用。

沿海运输因为航次时间短，数日内即可往返一次，所以沿海运输按月计算成本；远洋运输因航次时间长，通常按航次结算成本，其中航次是指船舶按照指令运载货物完成一个完整的运输生产过程。船舶的航次运输成本是以航次起讫日期为成本计算期的已完航次运输成本。远洋运输企业要计算航次成本，还须将船舶费用分为航次营运费用和船舶固定费用两部分。

二、海洋运输成本计算对象

海洋运输成本以海运业务为成本计算对象，但由于运输成本主要是船舶设备的使用成本，因此发生的船舶费用仍以运输船舶为对象，通过计算船舶费用，间接计算货运成本。

由于远洋运输船舶都是按单船归集和分配船舶费用，即使是计算船型成本，也是先按单船汇集船舶费用，然后再按相同船型汇总。船舶吨位较小的沿海运输船舶一般可按船型归集船舶费用，但吨位较大的船舶仍应按单船归集船舶费用。海运企业可以根据企业经营管理上的需要计算下列各种成本：

1. 单船运输成本

以每艘船舶运输业务为成本计算对象，计算每艘船舶的运输成本。

2. 类型船运输成本

以各类型的船舶运输业务为成本计算对象，计算各类型船舶的运输成本。

3. 航线运输成本

以各航线的船舶运输业务为成本计算对象，计算各航线的运输成本。

三、海洋运输成本计算项目

海洋运输成本计算项目分为航次运行费用、船舶固定费用、船舶租赁费用、集装箱固定费用和营运间接费用等。

1. 航次运行费用

航次运行费用是指船舶在运行过程中可以直接归属于航次负担的费用。航次运行费用受货种、运量、运距、航次时间、靠港次数、运费等因素的影响，具体内容见表5—3—1。

表5—3—1　航次运行费用项目

明细项目	内容
燃料费	指船舶在航行、装卸、停泊等时间内耗用的全部燃料费用
港口费	指船舶进出港口、停泊、过境等应付的港口费用。包括船舶吨税、灯塔费、引水费、拖轮费、码头费、浮筒费、系解缆费、海关检验费、运河及海峡通过费等
货物费	指运输船舶载运货物所发生的应由船方负担的业务费用，如装卸工工资费、加班费、装卸工具费、下货费、翻仓费、货物代理费等
中转费	指船舶载运的货物在中途港口换装其他运输工具运往目的地及在港口中转时发生的应由船方负担的各种费用，如汽车接运费、铁路接运费、水运接运费、改港费等

续表

明细项目	内容
垫隔材料	指船舶在同一货仓内装运不同类别的货物需要分开、垫隔，或虽在同一货仓内装同类货物但需要防止摇动、移位，以及货物通风需要等耗用的材料、隔货网、防摇装置、通风筒等材料费用。退回可以再利用的材料，应作价冲回项目
速遣费	指有装卸协议的营运船舶，提前完成装卸作业，按照协议付给港口单位的速遣费用。如发生延期，收回的延期费冲减本项目
事故损失	指船舶在营运生产过程中发生海损、机损、货损、货差、污染、人身伤亡等事故的费用，包括施救、赔偿、修理、诉讼、善后等直接损失
航次其他费用	指不属于以上各项应由航次负担的其他费用，如淡水费、交通车船费、邮电费、清洁费、国外港口接待费、航次保险费、领事签证费、代理行费、业务杂支费、冰区航行破冰费等

2. 船舶固定费用

船舶固定费用是指为保持船舶适航状态所发生的经常性维持费。这些费用不能直接归属于某一航次负担，但可以按单船进行归集，具体内容见表5—3—2。

表5—3—2　船舶固定费用项目

明细项目	内容
工资	指船员的标准工资、船岸差、副食品价格补贴、回民伙食津贴、航行津贴、油轮津贴、运危险品津贴、船员伙食及其他按规定支付的工资性津贴
职工福利费	指根据规定比例和提存范围，按实际发放船员工资总额计算提取的职工福利费
润料	指船舶耗用的润滑油脂
船舶材料	指船舶在运输生产和日常维护保养中耗用及劳动保护耗用、事务耗用的各种材料和低值易耗品等
船舶折旧费	指企业以确定折旧方法按月计提的折旧费
船舶修理费	指已完工的船舶实际修理费支出和日常维护保养耗用的修理用料、备品配件等，以及船舶技术改造大修理费用摊销的支出
船舶保险费	指企业向保险公司投保的各种船舶保险所支付的保险费用。保险公司退回的保险费予以冲减
车船使用税	按规定缴纳的车船使用税
船舶非营运期费用	指船舶在厂修、停船自修、事故停航、定期熏仓等非营运期内所发生的费用，包括为修理目的空驶至船厂期间发生的费用
船舶共同费用	指船舶共同受益，但不能或不便按单船归集的船舶费用。主要包括工资、职工福利费、船员服装费、船员差旅费、文体宣传费、广告及业务活动费、单证资料费、船员疗养休养费、电信费等
其他船舶固定费用	指不属于以上各项的其他船舶固定费用，如船舶证书费、船舶检验费等

3. 船舶租赁费用

船舶租赁费用指企业租入运输船舶参加营运，按规定应列入成本的期租费或程租费。

4. 集装箱固定费用

集装箱固定费用指为保证集装箱的良好使用状态所发生的经常费用，具体内容见表5—3—3。

表 5—3—3 集装箱固定费用项目

明细项目	内容
空箱保管费	指空箱存放在堆场所支付的堆存费用
折旧费	指按规定折旧率计提的集装箱折旧费
租费	指租入的集装箱按租约规定所支付的租金
修理费	指集装箱修理用配件、材料和修理费用
保险费用	指投保集装箱安全险所支付给保险公司的保险费
底盘车费用	指企业自有或租入的集装箱底盘车所发生的保管费、折旧费、租费、保险费、修理费等
其他	指不属于以上项目的集装箱固定费用，如清洁费用、熏箱费等

5. 营运间接费用

营运间接费用指企业营运过程中所发生的不能直接计入运输成本核算对象的各种间接费用。具体项目包括：工资、职工福利费、燃料、材料、低值易耗品、折旧费、修理费、办公费、水电费、租赁费、差旅费、设计制图费、业务票据费、燃材料盘亏和毁损（减盘盈）、取暖费、会议费、出国人员经费、保险费、交通费、运输费、仓库经费、警卫消防费、劳动保护费、排污费等。

四、海洋运输成本的计算

1. 货运总成本和单位成本

海洋企业全部营运船舶所发生的船舶费用，扣除与运输无关（应由其他业务负担）的费用，如船舶临时出租负担的费用，加上船舶租费和集装箱固定费用，以及应由运输成本负担的营运间接费用，即为货运总成本；货运总成本除以货运周转量即为货运单位成本。计算公式如下：

货运总成本＝船舶费用－运输无关费用＋船舶租费＋集装箱固定费用＋营运间接费用－未完航次成本＋以前年度支出

货运单位成本（元/千吨千米)＝货运总成本（元)/货运周转量(千吨千米)

2. 已完航次成本

远洋运输企业船舶的已完航次成本包括已完航次开始到航次结束时累计发生的航次运行费用、应分配负担的船舶固定费用及分配的营运费用。对于跨期航次，已完航次成本包括本期发生的航次运行费用和分配负担的船舶固定费用和营运间接费用外，还包括前期同航次发生的未完航次成本（包括直接发生的航次运行费用和分配负担的船舶固定费用)。对于本期某一已完航次来说，已完航次成本可用如下公式表示：

本次已完航次成本＝前期未完航次成本＋本期发生的航次运行成本＋本期分配的船舶固定费用＋本期分配的营运间接费用

远洋运输企业在报告期末（月末、季末、年末）尚未结束的航次，因为船舶仍在继续运行，航次运行费用尚在继续发生，还要分配船舶固定费用和营运间接费用，所以，不结算航次的运输成本，本期期末的未完航次成本应转入下期，等待该航次结束后再计算已完航次成本。

3. 集装箱运输成本

集装箱船舶运输成本计算，除增设“集装箱固定费用”项目外，还要在“航次直接费用”内增设“集装箱货物费”项目。计算集装箱船舶在航次运行过程中发生的有关集装箱运输的业务费用，如集装箱的绑扎费、拆绑费、封箱费、并箱费、运费、码头费等，按发生的航次归集，直接计入船舶航次运输成本。

“集装箱固定费用”是为保持集装箱良好的使用状态所发生的经常性维持费用，如集装箱的港口堆存费、集装箱折旧费、修理费、保险费、租费等。集装箱固定费用须单独归集，按照集装箱船装用集装箱的箱天数或标准箱天数比例分摊负担。集装箱运输的总成本和单位成本计算，通常和非集装箱运输相同。

4. 出租船成本

出租船成本计算是海运企业将船舶出租给外单位使用时的成本计算。按制度规定，海运企业期租船舶的运输量，统计在租入单位完成的运输量内。船舶临时出租从事其他工作时，不统计运输量。期租船舶是海运企业的其他业务，不计算运输成本，而计算出租船成本。出租船成本可以租船单位为成本计算对象，也可以出租业务为成本计算对象。船舶出租给租船单位使用时，出租船的成本通常只包括船舶固定费用（含分配负担的船舶共同费用和非营运期费用）和分配负担的营运单位费用，而不包括航次运行费用，但必要时设置以下费用项目：

（1）燃料费

指按期租船合同，在出租期内由于出租人的原因临时停租期内耗用的燃料价值。

（2）港口费

指临时停租期内应由出租人负担的港口费用。

（3）其他费用

指临时停租期内由租船人负担的航次其他费用。出租的船舶，如果时间在一个月以上，可以按船名归集所发生的船舶固定费用。如果月份内船舶同时从事出租和运输工作，船舶固定费用可按营运天数分摊，其计算公式为：

出租企业应负担的船舶固定费用＝全月船舶固定费用/30×出租天数

航运企业出租船应计算出租总成本，出租船成本通常可计算千营运吨天的单位成本。其计算公式为：

出租船总成本＝出租船的船舶固定费用＋分配负担的营运间接费用

出租船单位成本＝出租船总成本/出租船千营运吨天

船舶临时出租从事其他工作时，出租成本往往是船舶费用的一部分。由于船舶费用按船名归集，因此必须按船舶营运吨天分摊计算，由出租业务负担，其计算公式为：

某船临时出租应负担船舶费用＝全月船舶费用/全月船舶营运吨天×该船临时出租营运吨天

第四节　运费管理

在运输成本管理的过程中，运费管理是非常重要的一个环节，本节重点讲解海运运费、航空运费、公路运费、铁路运费管理的相关内容。

一、海运运费

前面介绍了海运成本的计算思路。在物流运输和贸易活动中，海运运费的计算是个非常重要的问题。掌握海运运费的资料对于出口方的成本核算，以及计算各种价格条款之间的差额，做好比价工作都是十分重要的。

1. 班轮运费

（1）运费构成

班轮运费是由基本运费和附加费两个部分构成的。基本运费是指运输每批货物所应收取的最基本的运费，是整个运费的主要构成部分。附加费则是根据货物种类或不同的服务内容，视不同情况附加的运费。附加费的主要种类见表 5—4—1。

表 5—4—1　　附加费的主要种类

费用类型	说明
燃油附加费	在燃油价格突然上涨时加收
货币贬值附加费	在货币贬值时，船方为使实际收入不减少，按基本运价的一定百分比加收的附加费
转船附加费	凡因运往非基本港的货物需转船运往目的港，船方所收取的附加费，其中包括转船费和二程运费
直航附加费	当运往非基本港的货物达到一定的货量，航运公司可安排直航该港而不转船时所加收的附加费
超重附加费、超长附加费和超大附加费	当一件货物的毛重或长度或体积，一旦超过或达到运价本规定的数值时所加收的附加费
港口附加费	有些港口由于设备条件差或装卸效率低及其他原因，航运公司加收的附加费
港口拥挤附加费	有些港口由于拥挤，因船舶停泊时间增加而加收的附加费
选港附加费	货方托运时尚不能确定具体卸港，要求在预先提出的两个或两个以上港口中选择下港卸货，船方加收的附加费
变更卸货港附加费	货主要求改变货物原来规定的卸货港口，在有关当局（如海关）准许，船方又同意的情况下所加收的附加费
绕航附加费	由于正常航道受阻不能通行，船舶必须绕道才能将货物运至目的港时，船方所加收的附加费

（2）运费计算标准

通常按货物质量；按货物尺码或体积；按货物质量或尺码，选择其中收取运费较高者计算运费；按货物 FOB 价收取一定百分比作为费用，称为从价运费；按每件为一单位计收；由船货双方临时议定价格收取运费，称为议价。

（3）运费计算步骤

1）选择相关的运价本。

2）根据货物名称，在货物分级表中查到运费计算标准和等级。

3）在等级费率表的基本费率部分，找到相应的航线、启运港、目的港，按等级查到基本运价。

4）再从附加费部分查出所有应收（付）的附加费项目和数额（或百分比）及货币种类。

5）根据基本运价和附加费算出实际运价。

6）运费＝运价×运费吨。

(4) 运费计算公式

$$F=F_b+\sum S$$

式中 F—— 运费总额；

F_b——基本运费额；

S—— 某一项附加费。

基本运费是所运商品的计费吨（重量吨或容积吨）与基本运价（费率）的乘积，即：

$$F_b=f\times Q$$

式中 f——基本运价；

Q——计费吨。

附加运费是各项附加费的总和。各项附加费均按基本运费的一定百分比计算时，附加费的总额应为：

$$\sum S=(s_1+s_2+\cdots+s_n)\times F_b=(s_1+s_2+\cdots+s_n)\times f\times Q$$

式中 s_1，s_2，…，s_n 分别为某一项附加费率，因此，运费总额的计算公式为：

$$\begin{aligned}F&=F_b+\sum S=f\times Q+(s_1+s_2+\cdots+s_n)\times f\times Q\\&=(1+s_1+s_2+\cdots+s_n)\times f\times Q\end{aligned}$$

2. 租船运费

承租合同中有的规定运费率，按货物每单位质量或体积若干金额计算；有的规定整船包价。费率的高低主要取决于租船市场的供求关系，但也与运输距离、货物种类、装卸率、港口使用、装卸费用划分、佣金高低等有关。合同中对运费按装船质量或卸船质量计算。运费是预付或到付均须明确，特别要注意的是应付运费时间是指船东收到的日期，而不是租船人付出的日期。租船运费中的装卸费用有船方负担装卸费、船方不负担装卸费、船方管装不管卸、船方管卸不管装等几种情况，应根据实际情况进行计算。

3. 集装箱海运运费

目前，集装箱货物海上运价体系基本上分为两大类：一类是沿用件杂货运费计算方法，即以运费吨为单位（俗称散货价）；另一类是以每个集装箱为计费单位（俗称包箱价）。

(1) 件杂货基本费率加附加费

1) 基本费率。参照传统件杂货运价，以运费吨为计算单位，多数航线上采用等级费率。

2) 附加费。除传统杂货所收的常规附加费外，还要加收一些与集装箱货物有关的附加费。

(2) 包箱费率

这种费率以每个集装箱为计费单位，常用于集装箱交货的情况。常见的包箱费率有以下三种表现形式。

1) FAK 包箱费率。即对每一集装箱不细分箱内货类，不计货量（在限额之内）统一收取的运价。

2) FCS 包箱费率。按不同货物等级制定的包箱费率，集装箱普通货物的等级划分与杂货运输分法一样，仍是 1～20 级，但是集装箱货物的费率差级大大小于杂货费率差级，一般低级货的集装箱收费高于传统运输，高价货的集装箱收费低于传统运输；同一等级的货物，重货集装箱运价高于体积货运价。可见，航运公司鼓励人们把高价货和体积货装箱运输。在这种费率下，拼箱货运费计算与传统运输一样，根据货物名称查得等级和计算标准，然后套用相应的费率，乘以运费吨，即得运费。

3）FCB包箱费率。这是按不同货物等级或货类及计算标准制定的费率。

【例5—2】由天津港运往莫桑比克首都马普托门锁500箱，每箱体积为0.025米^3，毛重为30千克。问该批门锁的运费为多少（设去马普托每运费吨的运费为450港元，另加收燃油附加费20%，港口附加费10%）？

解：先从运价表中查得门锁属10级货，计收标准为W/M（表明运费是按质量还是按尺寸计算的），去东非航线马普托每运费吨的运费为450港元，另加收燃油附加费20%，港口附加费10%。

$W=30\times500/1\ 000=15$运费吨

$M=0.025\times500=12.5$运费吨

因为$M>W$，所以采用W计费。

将上述已知数据代入公式即得：

$$\begin{aligned}F&=450\times15\times(1+20\%+10\%)\\&=450\times15\times1.3\\&=8\ 775\text{港元}\end{aligned}$$

即该批门锁的运费为8 775港元。

二、航空运费

航空运费是指承运人为运输货物对规定的质量单位或体积或货物的价值所收取的费用，包括起运机场至目的机场间的航空运费，但不包括承运人、代理人或托运人收取的其他费用。运费是指根据适用的运价所计算的托运人或收货人应支付的每批货物的航空费用。计算空运货物运费时主要考虑计费质量、运价种类、货物的声明价值及其他规定等因素。

1. 计费质量

航空公司规定，在货物体积小、质量大时，按实际质量计算；在货物体积大、质量小时，按体积计算。在集中托运时，一批货物由几件不同的货物组成，有轻泡货，也有重货，其计费质量则采用整批货物的总毛重或总的体积计量，按两者之中较高的一个计算。

（1）实际质量

实际质量是指一批货物包括包装在内的实际总质量，用实际质量作为计费质量的是那些质量大而体积小的货物，如机械、金属零件等，这些货物称为重货。具体界限是货物的质量大于1千克/6 000厘米^3。当实际毛重用千克表示时，不足1千克的尾数，按不足0.5千克的进为0.5千克，0.5千克以上的进为1千克，如用磅表示时，不是1磅的尾数进为1磅。

（2）体积质量（轻泡货）

货物在体积大、质量相对小的情况下，即货物的质量小于1千克/6 000厘米^3，则计费质量是按货物的体积而不是按实际毛重，是以体积质量作为计费质量。要计算出一批货物的体积质量，计算规则是，不论货物的形状是否为规则的长方体或正方体，计算货物体积时，均应以最长、最宽、最高的三边的厘米长度计算。长、宽、高的小数部分按四舍五入取整，体积质量的折算，换算标准为每6 000厘米^{3}折合1千克。

体积质量＝货物体积/6 000（厘米^3/千克）

(3) 体积与质量的确定

在确定计费质量时，其原则是：计费质量按实际毛重和体积质量两者之中较高的一个计算。因此，首先计算出实际毛重和体积质量，然后比较一下，最后确定用哪一个来作为计费质量。一般情况下，靠实际的经验是可以判断出一批货物是属于轻泡货还是重货，但在有疑义时，最好是将实际毛重和体积质量两者比较一下。例如，一批货物的实际毛重是 250 千克，体积是 1 908 900 厘米^3，计算出体积质量：1 908 900/6 000＝318.15；计费质量为 318.5 千克。

在做集中托运时，一批货物由几件不同的货物组成，有轻泡货也有重货，其计费质量就采用整批货物的总毛重或总体质量，按两者之中较高的一个计算。

2. 运价种类

(1) 按规定的途径划分

1) 协议运价。通航各方的航空公司商议后形成，并报请各国政府获准后共同遵守使用的运价。

2) 国际航协运价。是指 IATA（国际航空运输协会）在 TACT（The Air Cargo Tariff，空运货物运价表）上公布的运价。

(2) 按商品种类、等级划分

1) 一般货物运价（简称 GCR)。一般货物运价也称普通货物运价。不含有贵重元素，并按普通货物运价收取运费的货物称为普通货物。如果货物的种类既不适用特种货物运价也不适用等级货物运价，就必须按一般货物运价计收。通常，各航空公司针对所承运货物的数量的不同，规定了几个计费质量分界点。最常见的是以 45 千克为划分点，45 千克以上比 45 千克以下的运价低，换言之，货物的质量越大其运价就越低。

2) 特种货物运价（简称 SCR)。指航空公司对一些特定的货物在特定的航线上给予的一种特别优惠的运价。特种货物运价通常低于一般货物运价。在使用特种货物运价时，首先决定货物属于哪一类特种货物，然后查阅在所要求的航线上有哪些特种货物运价。进而查阅“航空货物运价表”上的“货物明细表”，选择与货物一致的号码。如果该货物号码有更详细的内容，则选择最合适的细目。最后根据适用该货物的起码质量，选择合适的特种货物运价。

3) 等级货物运价（简称 CCR)。指在规定的业务区内或业务区之间运输特别指定的货物的等级运价，仅适用于在指定的地区少数货物的运输。IATA 规定，这类货物包括下列各种货物：活动物、贵重物品、书报杂志类物品，作为货物托运的行李、尸体、骨灰、汽车等。等级货物运价是在普通货物运价基础上附加或附减一定百分比构成的。其起码质量规定为 5 千克。

4) 起码运价（简称 M)。起码运价是航空公司办理一批货所能接受的最低运价，不论货物的质量或体积多少，在两点之间运输一批货物应收取的最低金额。

一批货物的运费计算，是使用计费质量乘以所适用的运价，不管使用哪一种运价，运费都不能低于公布的起码运价，不同地区有不同的起码运价。在这几种运价中，运费只选择其中之一计算。如遇两种运价均适用时，首先应选用特种货物运价，其次是等级货物运价，最后才是一般货物运价。

3. **货物的声明价值**

根据《统一国际航空运输某些规则的公约》的规定，由于承运人的失职而造成货物损坏、丢失或延误等应承担责任，其最高赔偿限额每千克（毛重）为20美元或7.675英镑或等值的当地货币。如果货物的实际价值每千克超过上述限额，且发货人要求在发生货损货差时全额赔偿，则发货人在托运货物时就应向承运人或其代理人声明货物价值，但应另付一笔“声明价值附加费”。一般按声明价值额的0.4%～0.5%收取。

如果货物的价值毛重每千克超过20美元时，也可以不办理声明价值，但承运人的最高赔偿毛重每千克不超过20美元。

如发货人不办理声明价值，则应在运单的有关栏内填上“N. V. D”（no value declared的缩写）字样。

声明价值附加费的计算公式是：

声明价值附加费＝(整批货物的声明价值/货物的毛重－20美元)×货物毛重×0.5%

4. **其他规定**

除声明价值附加费外，航空公司还可能收取运费到付服务费、货运单费、中转手续费和地面运输费等。

运费到付是由发货人与承运人之间预先安排，然后由承运人在货物运到后交给收货人，同时收回运单上列明的金额。这项金额由发货人填入运单“货到付款”栏内，在金额前填上相应的货币名称。运费到付服务费的收取方法如下：

凡是运费到付的货物，应按货运单上质量计算的运费和声明价值附加费总额的2%向收货人收取运费到付服务费。最低运费到付服务费为10美元。

【例5—3】有一票热带鱼，毛重120千克，体积0.504米^3，需从我国某地空运至韩国首尔，问应如何计算其运费（设一般货物运价：45千克以上，每千克为9港元；等级货物运价：每千克为16.70港元；特种货物运价：每千克为7.59港元)？

解：根据上述运价进行比较计算如下：

按GCR运价，应为：9×120＝1 080港元

按CCR运价，应为：16.70×120＝2 004港元

按SCR运价，应为：7.59×120＝910.8港元

可见，此票热带鱼应选用SCR运价计算。

【例5—4】某企业出口货物一批，100箱，每箱毛重2 300千克，体积为6.7米^3，自上海空运至日本东京，运价每千克人民币13.58元（100千克起算）。根据以上条件，计算该货物的运费。

解：实际毛重2 300千克，体积折合为6.7÷0.006＝1 117千克，即体积毛重1 117千克，应按实际毛重付航空运费，即2 300千克×13.58元/千克＝人民币31 234元。

【例5—5】某公司从美国费城运一箱仪器到中国北京，托运人要求运费到付，货物质量为30千克，自费城到北京45千克以下运价为11美元/千克，其他费为75美元，我方应向收货人收取多少到付服务费？

解：具体计算方法如下：

运费30×11＝330美元，其他费为75美元，合计405美元。

运费到付服务费为 405×2%＝8.1 美元，因 8.1 美元低于最低标准，所以应收运费到付服务费 10 美元。

三、公路运费

公路运费按不同的运输条件分别计价，其计算按照《汽车运价规则》办理。

1. 公路运输计费质量单位

整批货物运输以吨为单位，尾数不足 100 千克时，四舍五入；零担货物运输以千克为单位，起码计费质量为 1 千克，尾数不足 1 千克时，四舍五入；轻泡货每米^3 折算质量 333 千克。

2. 按质量托运的货物一律按实际质量（含货物包装、衬垫及运输需要的附属物品）计算，以过磅为准

由托运人自理装车的，应装足车辆额定吨位，未装足的，按车辆额定吨位收费。统一规格的成包成件的货物，以一标准件质量计算全部货物质量。散装货物无过磅条件的，按体积和各省、自治区、直辖市统一规定质量折算标准计算。接运其他运输方式的货物，无过磅条件的，按前程运输方式运单上记载的质量计算。拼装分卸的货物按照最重装载量计算。

3. 公路运输计费里程

公路运输计费里程以千米为单位，尾数不足 1 千米的，进为 1 千米；计费里程以省、自治区、直辖市交通行政主管部门核定的营运里程为准，未经核定的里程，由承托双方商定；同一运输区间有两条（含两条）以上营运路线可供行驶时，应按最短的路线计算计费里程或按承托双方商定的路线计算计费里程。拼装分卸从第一装货地点起至最后一个卸货地点止的载重里程计算计费里程。

4. 公路运输的其他费用

（1）调车费

应托运人要求，车辆调出所在地而产生的车辆往返空驶，计收调车费。

（2）延滞费

车辆按约定时间到达约定的装货或卸货地点，因托运人或收货人责任造成车辆和装卸延滞，计收延滞费。

（3）装货落空损失费

因托运人要求，车辆行至约定地点而装货落空造成的车辆往返空驶，计收装货落空损失费。

（4）排障费

运输大型特型笨重物件时，需对运输路线的桥涵、道路及其他设施进行必要的加固或改造所发生的费用，由托运人负担。

（5）车辆处置费

因托运人的特殊要求，对车辆改装、拆卸、还原、清洗时，计收车辆处置费。

在运输过程中国家有关检疫部门对车辆的检验费及因检验造成的车辆停运损失，由托运人负担。

（6）装卸费

货物装卸费由托运人负担。

（7）通行费

货物运输需支付的过渡、过路、过桥、过隧道等通行费由托运人负担，承运人代收代付。

（8）保管费

货物运达后，明确由收货人自取的，从承运人向收货人发出提货通知书的次日（以邮戳或电话记录为准）起计，第四日开始核收货物保管费；应托运人的要求或托运人的责任造成的，需要保管的货物，计收货物保管费。货物保管费由托运人负担。

5. 公路运输的运杂费

货物运杂费在货物托运、起运时一次结清，也可按合同采用预付费用的方式，随运随结或运后结清。托运人或者收货人不支付运费、保管费及其他运输费用的，承运人对相应的运输货物享有留置权，但当事人另有约定的除外。

运费尾数以元为单位，不足 1 元时四舍五入。货物在运输过程中因不可抗力灭失，未收取运费的，承运人不得要求托运人支付运费；已收取运费的，托运人可以要求返还。

四、铁路运费

1. 运费种类

铁路货物运输费用是铁路运输企业所提供的各项生产服务消耗的补偿，包括运行费用、车站费用、服务费用和额外占用铁路设备的费用等。铁路货物运价按货物运输种类分为整车货物运价、零担货物运价和集装箱货物运价三种。

（1）整车货物运价

整车货物运价是铁路对整车运输的货物所规定的运价，由按货物种别的每吨的发到基价和每吨千米或每轴千米的运行基价组成。保温车货物运价是整车货物运价的组成部分，是为按保温车运输的货物所规定的运价。

（2）零担货物运价

零担货物运价是铁路对按零担运输的货物所规定的运价，由按货物种别的每 10 千克的发到基价和每 10 千克千米的运行基价组成。

（3）集装箱货物运价

集装箱货物运价是铁路对按集装箱运输的货物所规定的运价，由每箱的发到基价和每箱千米的运行基价组成。

2. 计算货物运输费用的程序

（1）根据运单上填写的发站和到站，按《货物运价里程表》算出发站至到站的运价里程。

（2）整车、零担货物根据运单上填写的货物名称和运输类别查找货物运价分号表，确定适用的运价号。

（3）整车、零担货物按货物适用的运价号，集装箱货物根据箱型，冷藏车货物根据车种分别在《铁路货物运价率表》中查出适用的发到基价和运行基价。

（4）根据运输种别、货物名称、货物质量与体积确定计费质量。

（5）货物适用的发到基价，加上运行基价与货物的运价里程相乘之积后，再与按《铁路货物运价规则》（以下简称《价规》）确定的计费质量（集装箱为箱数）相乘，计算运费。其公式如下：

$$运费=（发到基价+运行基价×运价里程）×计费质量$$

（6）计算其他费用。

3. 铁路货运杂费

铁路货物运输费用包括货物作业过程中实际发生的各种杂费。铁路货运杂费是铁路运输的货物自承运至交付的全过程中，铁路运输企业向托运人、收货人提供的辅助作业、劳务，以及托运人或收货人额外占用铁路设备、使用用具、备品所发生的费用，简称货运杂费。货运杂费分为货运营运杂费，延期使用运输设备、违约及委托服务杂费，租、占用运输设备杂费，每类都有各自的项目和费率。各项杂费按从杂费费率表中查出的费率与规定的计算单位相乘进行计算。各项杂费凡不满一个计算单位，均按一个计算单位计算（另有规定者除外）。

4. 其他费用

一批货物除运费、杂费外，还可能发生铁路建设基金、电气化附加费、新路新价均摊运费、加价运费（在统一运价的基础上再加收一部分运价）和其他代收款（如印花税）等费用。这些费用在计算时，发生几项计算几项。

第五节　运输成本优化

运输成本优化是企业在任何时期都十分强调的战略，尤其是在企业经营处于微利的环境条件下，运输成本的优化更是企业生存、发展的重要手段之一。

一、影响运输成本的因素

1. 运输距离

运输距离是影响运输成本的主要因素，它直接对劳动、燃料和维修保养等变动成本产生作用，其与运输成本的关系如图 5—5—1 所示。

2. 载货量

载货量之所以影响运输成本，是因为大多数运输活动中存在着规模经济。如图 5—5—2 所示，说明了每单位质量的运输成本随载货量的增加而减少。这种关系对管理部门的启示是，小批量的载货应整合成更大批量，以期利用规模经济。

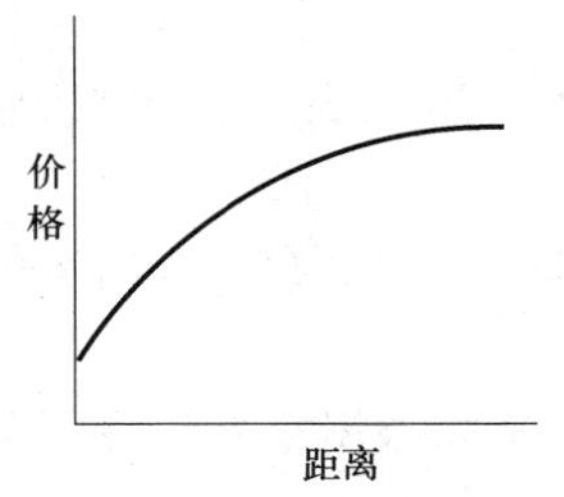

图 5—5—1　运输距离与运输成本的关系

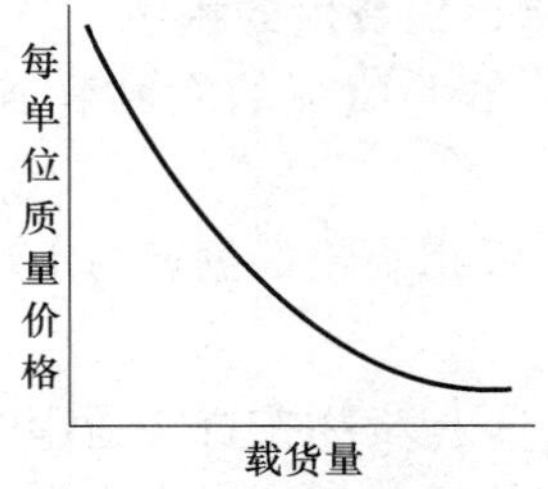

图 5—5—2　载货量与运输成本的关系

3. **货物的密疏度**

运输成本通常表示为每单位质量所花费的数额。在质量和空间方面，单独一辆运输车辆更多受到空间限制，而不是质量限制。即使该产品的质量很轻，车辆一旦装满，就不可能再增加装运数量。既然运输车辆实际消耗的劳动成本和燃料成本主要不受质量的影响，那么货物的疏密度越高，相对可以把固定运输成本分摊到增加的质量上去，使这些产品所承担的每单位质量的运输成本相对较低。图 5—5—3 所示就是用于说明每单位质量的运输成本随货物的疏密度的增加而下降的关系。

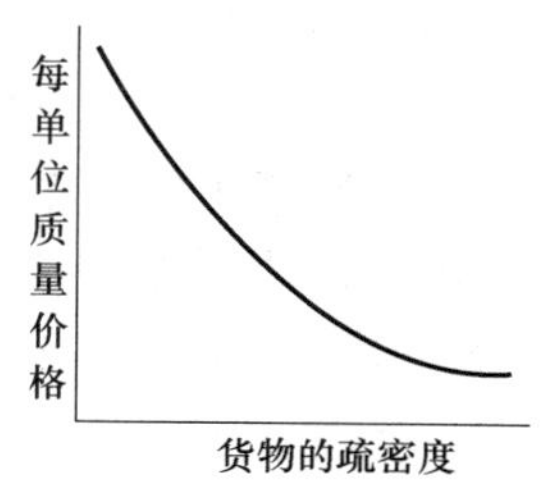

图 5—5—3 货物疏密度与运输成本之间的关系

4. **装载能力**

装载能力是指产品的具体尺寸及其对运输工具（铁路车、拖车或集装箱船舶）的空间利用程度的影响。一些产品具有古怪的尺寸和形状，不能很好地进行装载，因此浪费运输工具的空间，使装载能力下降。装载能力还受到装运规模的影响：大批量的产品能够相互嵌套、便于装载，而小批量的产品则有可能难以装载。

5. **装卸搬运设备**

卡车、铁路车或船舶等的运输可能需要特别的装卸搬运设备。此外，产品在运输和储存时实际所采用成组方式（如托盘或装箱等）也会影响搬运成本。

6. **责任**

这主要关系到货物损坏风险和导致索赔事故。因此，对货物具体要考虑的因素是易损坏性、对货运损害所承担责任的大小、易腐性、易被偷窃性、易自燃性或自爆性及单位价值等。承运人必须通过向保险公司投保来预防可能发生的货损事故索赔，否则有可能要承担任何可能损坏的赔偿责任。托运人可以通过改善保护性包装或通过减少货物灭失损坏的可能性，降低其风险，最终降低运输成本。

7. **运输供需因素**

运输通道流量和通道流量均衡等运输供需市场因素也会影响运输成本。运输通道是指起运地与目的地之间的移动通路，显然运输车辆和驾驶员都必须返回起运地，当发生空车返回时，有关劳动、燃料和维修保养等费用仍然必须按照原先的“全程”运输支付。于是，理想的情况就是“平衡”运输，即运输通道两端的流量相等。

二、运输成本优化措施

1. **开展合理化运输**

开展合理化运输是从物流系统的总体目标出发，运用系统理论和系统工程的原理和方法，充分利用各种运输方式，选择合理的运输路线和运输工具，以最短的路径、最少的环节、最快的速度和最少的劳动消耗，组织好物质产品的运输活动。合理化运输的主要形式如下：

（1）分区产销平衡合理运输

分区产销平衡合理运输是在组织物流活动中，对某种货物，使其一定的生产区固定于一定的消费区。根据产销情况和交通运输条件，在产销平衡的基础上，按近产近销原则，使其运输的里程最少。

实行分区产销平衡合理运输，首先，要确定物资产销情况、供应区域、运输路线和运输方式，作为制定合理调运方案的依据；其次，划定物资调运区域，将某种物资的生产区基本上固定于一定的消费区；再次，绘制合理运输流向图，即在已制定的调运区域范围内，按运程最近和产销平衡的原则，制定合理运输路线，把产、供、运、销的关系固定下来；最后，制定合理运输调运方案。

（2）开展直达运输和“四就”直拨运输

直达运输就是在组织货物运输过程中，越过商业、物资仓库环节或交通中转环节，把货物从产地或起运地直接运到销地或用户处，以减少运输环节。对生产资料来说，由于某些物资体大笨重，一般采取由生产工厂直接供应消费单位（生产消费），实行直达运输；在商业部门，对规格简单的商品，可以越过二级批发商环节，由生产工厂直接运到三级批发商、大型商店或用户处，如纸张、肥皂等；至于外贸部门，多采取直达运输，对出口商品实行由产地直达口岸的方式。

“四就”直拨运输是指各商业、物资批发企业，在组织货物调运过程中，对当地生产或由外地调达的货物，不运进批发仓库，而是采取直拨的方式减少一道中间环节，把货物直接分拨给市内基层批发、零售商店或用户。

（3）拼装整车运输

拼装整车运输也称零担拼整车中转分运，主要适用于商业、供销等部门的件杂货运输，即物流企业在组织铁路货运中，由同一发货人将不同品种发往同一到站、统一收货人的零担托运货物，由物流企业组配在一个车皮内，以整车运输的方式，托运到目的地；或把同一方向不同到站的零担货物，集中组配在一个车皮内，运到一个适当车站然后再中转分运。

（4）提高装载量

提高装载量是提高运输效率的重要内容。一方面最大限度地利用车辆载重吨位；另一方面充分使用车辆装载容积。其做法包括组织轻重配装，即把实重货物和轻泡货物组装在一起，既可充分利用车船装载容积，又能达到装载质量，以提高运输工具的使用效率；实行解体运输，对一些体大笨重、不易装卸的货物可将其拆卸装车，分别包装，以缩小所占空间，并易于装卸搬运，提高运载效率。例如，自行车之类的商品以零件的形式进行运输，到了消费地再进行组装和销售。

（5）提高堆码方法

根据车船等运输工具的货位情况和不同货物的包装形状，采取各种有效的堆码方法，如多层装载、骑缝装载、紧密半截等，以便提高运输工具的装载量。

（6）减少空载

运输中经常存在回程空载现象。这样，运送同一批货物到同一地点，就多花了一倍费用。在运输工具回程前，通过各种方式安排好回程的货物，尽可能利用回程车辆进行运输，可以减少运输成本。

（7）推进综合一贯制运输

综合一贯制运输，即卡车承担末端输送的复合一贯制运输，是复合一贯制运输的主要形式。综合一贯制运输是把卡车的机动灵活和铁路、海运的成本低廉（即便利和经济）及飞机的快速的特点组合起来，完成门到门的运输，通过优势互补，实现运输的效率化、低廉化、缩短运输时间的一贯运输方式。

（8）实施托盘化运输

托盘化运输是指利用托盘作为单元货载运输的一种方法，其关键在于全程托盘化，即一贯托盘化运输。采用一贯托盘化运输对物流企业而言，可以使搬运作业标准化、计划化、机械化。

2. 运输成本控制策略

（1）合理选择运输方式

运输的快速性、准确性、安全性和经济性之间是相互制约的，在选择运输方式时，应综合考虑运输的各种目标要求，采用综合评价法进行量化选择。

1）确定运输方式的评价因素。运输方式的评价因素有快速性、经济性、安全性和准确性等。分别用 S_1、S_2、S_3、S_4 表示，如这些因素在选择时的重要性不同，可加上四个评价权数 a_1、a_2、a_3、a_4，则运输方式的综合评价价值 S 表示为：

$$S=a_1S_1+a_2S_2+a_3S_3+a_4S_4$$

2）建立运输方式的综合评价公式。如分别用 $S(R)$、$S(T)$、$S(F)$ 表示可供选择的运输方式为公路、铁路、船舶。则有：

$$S(R)=a_1S_1(R)+a_2S_2(R)+a_3S_3(R)+a_4S_4(R)$$

$$S(T)=a_1S_1(T)+a_2S_2(T)+a_3S_3(T)+a_4S_4(T)$$

$$S(F)=a_1S_1(F)+a_2S_2(F)+a_3S_3(F)+a_4S_4(F)$$

3）评价各因素

①快速性。运输方式的快速性由运输时间决定。设三种运输方式的运输时间为 $H(R)$、$H(T)$、$H(F)$，求其平均值：

$$H=[H(R)+H(T)+H(F)]/3$$

然后分别求三种运输方式快速性的相对值：

$S_1(R)=H(R)/H$；　$S_1(T)=H(T)/H$；　$S_1(F)=H(F)/H$

②用类似的方法求出其他因素的相对值：

经济性：$S_2(R)=C(R)/C$；　$S_2(T)=C(T)/C$；　$S_2(F)=C(F)/C$；

安全性：$S_3(R)=V(R)/V$；　$S_3(T)=V(T)/V$；　$S_3(F)=V(F)/V$；

便利性：$S_4(R)=D(R)/D$；　$S_4(T)=D(T)/D$；　$S_4(F)=D(F)/D$；

4）综合评价和选择。综合评价时，先结合运送的货物特点，并听取实际工作者的意见，确定各评价因素的权数大小。再将权数和第三步中的各因素的评价值代入第二步建立的各种运输方式综合评价价值公式求解，最后应选取结果最大的运输方式进行运输。

（2）合理确定拥有车辆的数量

车辆的拥有数量要根据发货量的多少来安排，当拥有台数过少，发货量多时，难免出现车辆不足的现象，要从别处租车。相反，拥有台数过多，发货量少时就会出现车辆闲置现象，造成浪费。要综合考虑自备用车费用、自备用车闲置费用和租车费用等因素。

（3）开展集运方式

运输成本控制的一个焦点是保留与大批量运输联系在一起的运输经济性。装运量越大，每千米吨的费率就越低。从运作的角度看，有三种可以取得有效货物集运的方法：一是自发集运，即将一个市场区域中达到不同客户的小批量运输结合起来，在运输时只是修正而不是间断自然的货物流动；二是计划预定输送，即在每周有选择的日子里将有限的货物运输到特定市场，预定输送计划通常以强调集运互利的方式与客户沟通，航运公司向客户做出承诺，对所有在特定截止期前收到的订单都可保证在预定之日送货；三是共同输送，参加共同输送计划通常意味着一个货运代理、公共仓储或运输公司为在相同市场中的多个货主安排集运，提供共同输送的公司通常具备大批量送货目的地的长期送货约定，在这种安排下，集运公司通常为满足客户的需要而完成附加值的服务，如分类、排序、进口货物的单据处理等。

(4) 推行直运策略

当货物在当地存货的费用高于直接运送的成本时，应考虑直接运送。当然，企业在决定是否采取直运策略时，必须考虑该产品的特性（如单价、易腐性、季节性）、所需运送的路程与成本、客户订货数量与质量、地理位置与方向等因素。

(5) 优化运输路线

在实际工作中，存在着不合理的运输现象，如对流运输、迂回运输、重复运输、过远运输、无效运输等，造成了运力的浪费，增加了不必要的运输成本。优化运输路线可以减少不合理运输，降低运输成本。通常优化运输路线的方法有线性规划法、图表分析作业法、表上作业法、节约里程法等。线性规划法是在运价已知、路程已知的条件下，对 M 个商品生产地和 N 个商品销售地的商品运输建立数学模型，以使满足条件的总运费最小。图表分析作业法是先在图上标注出货物运出地、运入地、调运量及两地距离，然后根据就近供应原则，在图上制定商品调运方案，并不断判优、调整，使运输总路程最短，最后将结果填入商品调运平衡表。表上作业法是已知各地单位运价和各产销地供需量，在表上求解使总运费最低的调运方案。初始调运方案可根据最小费用（运价）法编制，然后进行判优、调整，直到找到总运费最低的方案。节约里程法是根据巡回送货总路程小于为每个客户单独送货总路程的原理进行。首先计算各目的地相互间的最短距离，然后计算各目的地的节约里程，并按节约里程大小排序，进而组合成配送路线，最后再进行调整得出最优调运方案。

(6) 推广甩挂运输

甩挂运输是用牵引车拖带挂车至目的地，将挂车甩下后，换上新的挂车运往另一个目的地的运输。推广甩挂运输对提高运输效率、降低运输成本、推进节能减排意义重大。首先，能够有效节约资源。在相同的运输条件下，汽车运输效率的高低取决于汽车的载重量、技术速度和装卸时间三个主要因素。甩挂运输使汽车运输列车化，能相应提高车辆每趟次的载重量，从而提高驾驶员的工作效率，避免空车行驶，免除了装卸货的等候时间。其次，甩挂运输事先把要运输的零散货物采用机械化手段装在承载装置中，大大缩短了车辆停驶和货物出库的时间，加快了货物周转的速度，创造了时间效益。最后，甩挂运输工具的规格统一，容积固定，限量承载货物，有利于从根本上遏制超限超载运输现象。

思考与练习

1. 简述运输成本的概念和构成。
2. 公路运输成本由哪些项目构成？

3. 公路运输成本的计算程序是什么？

4. 某出口公司向马来西亚出口大型机床1台，毛重为7.5吨，目的港为巴生港或槟城。运送机床去新马航线的基本费率每运费吨为1 500港元，另加收超重附加费每运费吨为28港元，选港费为20港元。问该机床的运费为多少？

5. 海洋运输成本的构成项目有哪些？在计算成本时包括哪些内容？

6. 集装箱海运运价有哪几种计算方法？

7. 航空运价的种类有哪些？

8. 汽车货物运输的运杂费的结算是如何规定的？

9. 影响运输成本的因素有哪些？运输成本优化的措施有哪些？

10. 通过阅读相关书籍，填写表5—5—1。

表5—5—1　　各种运输方式比较

运输方式	特点	适用范围
铁路运输		
汽车运输		
船舶运输		
航空运输		
管道运输		

11. 根据某汽车运输公司2014年1月所发生的各项运输费用（见表5—5—2），计算汽车运输总成本和汽车运输单位成本。

表5—5—2　　公路运输成本计算表

项目	行次	本月实际数（元）
一、直接人工	1	41 040
二、直接材料	2	
1. 燃料	3	92 288
2. 轮胎	4	
三、其他直接费用	5	
1. 保养修理费	6	33 441
2. 折旧费	7	45 000
3. 养路费	8	12 650
4. 其他费用	9	23 560
四、营运间接费用	10	11 910
五、运输总成本	11	
六、周转量（千吨千米）	12	1 000
七、单位成本（元/千吨千米）	13	

第六章

物流仓储成本管理

第一节　仓储成本管理概述

仓储在物流系统中起着缓冲、调节、平衡的作用，并与运输构成了物流系统的两大支柱，在仓储活动中不可避免地涉及各项费用的支出，即仓储成本。

一、仓储成本的含义

仓储成本是指在储存、管理、保养、维护物品的相关物流活动中所发生的各种费用，即是伴随着物流仓储活动所消耗的物化劳动和活劳动的货币表现。

二、仓储成本的构成

仓储成本主要包括库存持有成本、订货成本或生产准备成本、缺货成本和在途库存持有成本等。

1. 库存持有成本

库存持有成本是指为保持合适的库存而发生的成本，可以分为固定成本和变动成本。固定成本与仓储数量的多少无关，如仓储设备折旧、仓库职工的固定月工资等；变动成本与仓储数量的多少有关，如库存占用资金的应计利息，仓储物品的破损和变质损失等，主要包括资金占用成本、仓储空间成本、仓储服务成本、仓储风险成本等。

（1）资金占用成本

资金占用成本有时也称利息成本或机会成本，是仓储成本的隐含价值。资金占用成本反映失去的盈利能力，因为如果资金投入其他方面，就会要求有回报，所以资金占用成本就是这种尚未获得的回报的费用。

一般来说，资金占用成本是仓储持有成本的一个重要组成部分，通常用持有库存的货币价值的百分比来表示。例如资金占用成本用产品价值的10%来表示，产品价值是1 000元，则资金占用成本是100元。在实际中，通常是用企业新投资的最低回报率来计算资金占有成本。因为，从投资的角度看，库存决策是与做广告、建新工厂筹资决策一样的。

（2）仓储空间成本

这项成本包括与物品的出入库有关的搬运装卸成本，如租赁、取暖、照明、设备折旧等。这项成本随企业采取的仓储方式及物品性质的不同而有不同的变化。如果企业利用自有仓库，大部分仓储空间成本是固定的，而物品性质不同，需要的搬运设备不同，成本就不

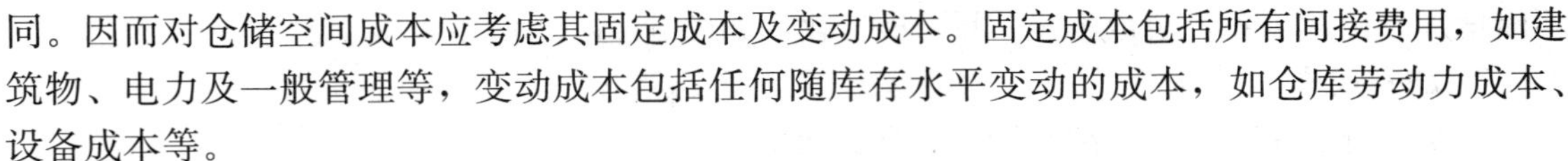

同。因而对仓储空间成本应考虑其固定成本及变动成本。固定成本包括所有间接费用，如建筑物、电力及一般管理等，变动成本包括任何随库存水平变动的成本，如仓库劳动力成本、设备成本等。

（3）仓储服务成本

这项成本主要指保险和税金。根据物品的价值和类型，产品丢失或损坏的风险高，就需要较高的风险金。另外，许多国家将存货列入应税财产，高存货导致高税费。随着物品的不同，保险和税金将有很大的变化，在计算仓储持有成本时，必须予以考虑。

（4）仓储风险成本

仓储风险成本反映了一种非常现象的可能性，即由于企业无法控制的原因，造成库存的货物贬值，如一些时尚物品、新鲜水果蔬菜等，一旦过了一定时间，价格就会受到影响。

由于仓储持有成本中的固定成本是相对固定的，与存货数量无直接关系，所以直接核算即可。而计算单一库存商品的仓储持有变动成本需要分三步：第一步，确定库存商品的价值，可利用先进先出法、后进先出法或平均成本法；第二步，估算每一项仓储成本占库存商品价值的百分比，然后将各百分比数相加，得到仓储持有成本占产品价值的百分比；第三步，全部储存成本（产品价值的百分比）乘以产品价值，就估算出保管一定数量商品的年库存成本。

随着库存水平的增加，年储存成本将随之增加，即储存成本是可变动成本，与平均存货数量或存货平均值成正比。

2. 订货成本或生产准备成本

订货成本或生产准备成本是指向外部的供应商发出采购订单的成本或指向内部的生产准备成本。

（1）订货成本

订货成本是指企业为了实现一次订货而进行的各种相关活动的费用，如办公费、差旅费、邮资费等费用支出。订货成本中有一部分与订货次数无关，如常设采购机构的基本开支等，称为订货的固定成本；另一部分则与订货次数密切相关，如差旅、邮资、通信等费用，称为订货的变动成本。更详细地说，订货成本包括与下列活动相关的费用：检查存货水平的费用；编制并提出订货申请的费用；对供应商进行比较选择的费用；填写并发出订货单的费用；填写核对收货单的费用；验收货物的费用；筹备资金并进行付费的费用等。这些成本很容易被忽视，但在考虑订货、收货的全部活动时，应注意核算此类成本。

（2）生产准备成本

生产准备成本是指当库存的某些物品不由外部供应而是由企业自身生产提供时，企业为生产一批货物而进行更改生产线准备的成本，其中更换模具需要的工时或增添某些专用设备等属于固定成本，与生产产品的数量有关的费用如材料费、加工费、人工费等属于变动成本。

（3）仓储持有成本与订货成本的关系

订货成本与仓储持有成本随着订货次数或订货规模的变化呈反方向变化。起初随着订货批量的增加，订货成本的下降比仓储持有成本的增加更快，而当订货批量增加到某一点时，即订货成本的边际节约额等于仓储持有成本的边际增加额时，这时总成本最小。此后，随着订货批量的不断增加，订货成本的边际节约额比仓储持有成本的边际增加额要小，但总成本不断增加。由此可见，总成本呈“U”形变化，如图 6—1—1 所示。

3. **缺货成本**

缺货成本是指由于库存供应中断而造成的损失。当企业的客户得不到全部订货时，将会发生下列问题：

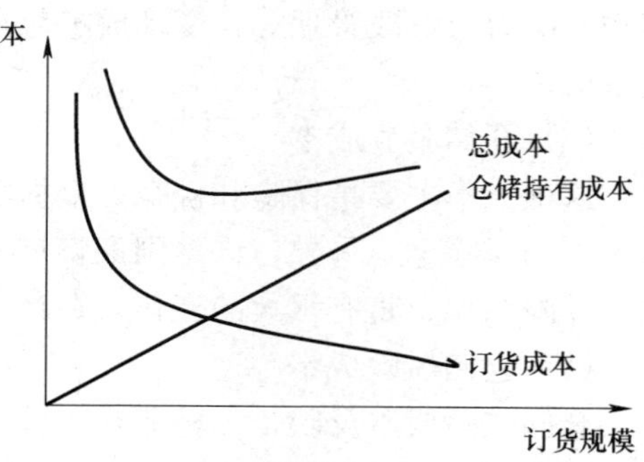

图 6—1—1　订货规模与成本的关系

（1）延期交货

延期交货可以有两种形式：一种是缺货商品在下次规划订货中得到补充，另一种是利用快速延期交货。如客户愿意等到下一次规划订货，则企业实际没有什么损失，但如果经常发生缺货，就可能会丧失客户。如果缺货商品延期交货，则会发生特殊订单处理和运输费用，而通常情况下对于延期交货的特殊订单处理费用相对于规划补充的普遍处理费用要高，如利用快速、昂贵的运输方式运送延期交货商品，或从其他地区的仓库调入缺货商品等。因此延期交货成本可根据额外订单处理费用和额外运费来计算。

（2）失销

在企业缺货的情况下，一般会有一些客户转向其他供应商，在这种情况下缺货就造成了失销。对于企业来说直接损失就是该批产品的利润，可以用该批商品的利润乘以客户的订货量来确定。但是对于失销，除此以外还应明确三点：首先，除了直接利润损失还包括机会损失，即负责这笔业务的相关人员的精力浪费；其次，有时很难确认失销总量，例如，许多客户习惯于电话订货，在这种情况下，客户只是询问是否有货，而未告知要订多少，如果这种产品缺货，则客户就不会说明需要多少，企业从而也不会确切地知道这一次由于失销损失的总量；最后，由于这次缺货，企业也很难估计对未来销售究竟会产生什么影响。

（3）失去客户

由于缺货给企业带来最大的损失是企业永远失去了客户，从而失去了未来一系列的收入，而这种损失是很难估计的，需要用管理科学的技术及市场营销学的研究方法来分析计算。除了利润损失，缺货还会造成商誉的损失，商誉很难度量，在仓储决策中常被忽视，但它对未来销售和企业的运作非常重要。

为了确定需要保持多少库存，有必要估算发生缺货所造成的期望损失。首先，分析发生缺货可能产生的后果，即延期交货、失销和失去客户；其次，计算与可能结果相关的成本，即利润损失；最后，计算一次缺货的损失。

【例 6—1】假设 80%的缺货导致延期交货，延期交货成本是 30 元；10%导致失销，失销成本是 50 元；10%导致失去客户，失去客户成本是 100 元。计算总的缺货损失。

解：延期交货损失：30×80%＝24 元

失销损失：50×10%＝5 元

失去客户损失：100×10%＝10 元

每次缺货的期望损失：24＋5＋10＝39 元

由于一次缺货造成的损失是 39 元，所以公司只要在增加库存的成本少于 39 元时，就应增加库存避免缺货。

4. 在途库存持有成本

在途库存持有成本不像前面三项那么明显，但在某些情况下，企业必须考虑这项成本。如企业以目的地市场价格出售产品，则需负责将产品送达目的地客户处，因此，当客户收到订货商品时，商品的所有权才发生转移。从财务角度看，在这一过程中商品仍是卖方企业的库存，所以这种在途库存的运输方式，所需时间是储存成本的一部分，企业应对运输成本与在途库存持有成本进行权衡抉择。

一个重要的问题是如何计算在途库存持有成本。前面讨论过库存持有成本的四个方面，即资金占用成本、仓储空间成本、仓储服务成本及仓储风险成本，这些成本对于在途库存成本来说有所变化。

（1）在途库存的资金占有成本一般等于仓库中存货的资金占用成本，假定在运输过程中对所讨论的库存具有所有权，那么资金占用成本就要考虑。

（2）仓储空间成本一般与在途存货不相关，因为运输服务部门提供设备及必要的装载及搬运活动，其费用已计入运价。

（3）对于仓储服务成本，一般不对在途存货征税，但对保险的要求还要认真分析。例如，当使用承运人时，承担的责任相当明确，没有必要考虑附加保险，当使用自有车队或使用出租运输工具时，那么就需要上保险。

（4）对于在途存货，由于运输服务具有短暂性，货物过时或变质的风险要小一些，因此这项成本可以认为不存在。

一般来说，在途存货储存成本要比仓库中的存货储存成本低。在实际中，需要对每一项成本进行仔细分析，才能准确计算出实际成本。

三、仓储成本管理

1. 仓储成本管理的含义

仓储成本管理就是用最经济的办法实现储存的功能，即在保证实现存储功能的前提下，如何尽量减少投入。仓储成本管理的任务是用最低的费用在合适的时间和合适的地点取得适当数量的存货。

2. 仓储成本管理的内容

（1）仓储时间

仓储时间是从两个方面影响储存这一功能要素的：一方面是经过一定的时间，被储存物料可以获得“时间效用”，这是储存的主要物流功能；另一方面是随着储存时间的增加，有形及无形的消耗相应加大，这是“时间效用”的一个逆反因素，也是一个“效益背反”问题。因而仓储的总效用是确定最优仓储时间的依据。

（2）仓储数量

仓储数量也主要从两方面影响仓储这一功能，仓储数量过高或过低都是不合理的。

1）库存一定数量的存货，可以使企业具有保证供应、生产、消费的能力。然而，保证能力的提高不是与数量成正比的，而是遵从边际效用的原理，每增加一个单位的仓储数量，总保障能力虽会随之增加，但边际效用却会逐渐降低。

2）仓储的损失是随着仓储数量的增加而成正比例增加的。仓储数量增加，仓储的持有成本就相应增加；而且如果仓储管理能力不能按正比例增加，仓储损失的数量也会增加。仓储数量过低会严重降低仓储对供应、生产、销售等环节的保障能力，其损失可能远远超过减少仓储量、防止仓储损失、减少利息支出等方面带来的收益。

（3）仓储条件

仓储条件不足或过剩也会影响储存这一功能要素。仓储条件不足主要是指仓储条件不能满足被仓储物料所要求的良好的仓储环境和必要的管理措施，因而往往造成储存物料的损失。如仓储设施简陋、仓储设施不足、维护保养手段及措施不力等。仓储条件过剩主要是指仓储条件大大超过需求，从而使仓储物料过多负担仓储成本，造成不合理的费用。

（4）仓储结构

仓储结构失衡也会影响储存这一功能要素。仓储结构失衡主要是指仓储物料的品种、规格等失调，以及仓储物料的各个品种之间仓储期限、仓储数量失调。

（5）仓储地点

由于土地价格的差异，仓储地点选择得不合理也会导致仓储成本上升。

3. 仓储成本管理的作用

（1）通过仓储控制降低存货风险

在一般商品的生产过程中，需要进行适量的安全储备，这是保证生产稳定的重要手段，也是应付交通堵塞、不可抗力、意外事故的应急手段。但存货就意味着资金成本、保管费用的增加，并产生损耗、浪费等风险。通过存量控制、仓储点安排、出货安排等工作可以降低相应风险。

（2）有利于降低物流系统成本

仓储成本的降低有利于系统物流成本的降低。合理的仓储会减少物品的换装，减少作业次数；机械化和自动化的仓储作业会降低仓储成本；对物品实施有效的保管和养护，也会降低仓储成本。

（3）有利于实现增值服务

众多的物流增值服务是在仓储环节中进行的，通过流通加工提高质量，实现产品个性化；通过仓储的时间控制实现商品的时间效用价值，从而有利于实现增值服务。

（4）有利于平衡企业流动资金占用

库存控制实际上是对流动资金的控制，通过加大订货批量可以降低订货费用和运输费用，保持一定的存货会减少经营风险，提高工作效率。因此，进行仓储成本管理的目的是降低物流系统成本，从而提高企业的经济效益。

第二节　仓储成本核算

如果要对所有的仓储物流活动进行管理，就需要计算出所有的仓储成本。由于每家企业在统计仓储费用时的思路不一样，往往缺乏可比性。因此，在讨论仓储成本的时候，首先应该根据计算的目的明确该成本计算所包括的范围。

一、仓储成本核算的范围

仓储成本在财务会计中没有直接对应的科目，而是与其他部门发生的费用混合在一起，因此计算仓储成本既要分析其构成，也要考虑它与其他费用分离的方式。对于企业内发生的仓储费用是与其他部门发生的费用混合在一起的，需要从中剥离出来，例如材料费、人工费、物业管理费、管理费、营业外费用、对外支付保管费用等。

1. 材料费

这是与包装材料、消耗工具、器具备品、燃料等关联的费用，可以根据材料的出入库记录，将此期间与仓储有关的消耗量计算出来，再分别乘以单价，便可得出材料费。

2. 人工费

人工费可以从向仓储人员支付的工资、资金、补贴等报酬的实际金额，以及由企业统一负担部分按人数分配后得到的金额计算出来。

3. 物业管理费

物业管理费包括水、电、气等费用，可以根据安装在设施上的用量记录装置获取相关数据，也可以根据建筑设施的比例和仓储人员的比例简单推算。

4. 管理费

管理费无法从财务会计方面直接得到相关的数据，可以按仓储人员比例推算。

5. 营业外费用

营业外费用包括折旧、利息等。折旧根据设施设备的折旧年限、折旧率计算。利息根据仓储相关资产的贷款利率计算。

6. 对外支付保管费用

对外支付的保管费用应全额计入仓储成本。

总之，仓储成本主要包括上述六个方面的内容，此外还包括仓库内的装卸搬运成本。

二、仓储成本核算的方法

一般来讲，仓储成本的核算可以采用以下三种方法：

1. 按支付形态计算仓储成本

将仓储成本分别按仓储搬运费、仓储保管费、材料费、人工费、仓储管理费、仓储占用资金利息等支付形态分类，就可以计算出仓储成本的总额。这种计算方法是从月度损益表中“管理费用、财务费用、营业费用”等各个项目中，取出一定数值乘以一定的比率（物流部门比率，分别按人数平均、台数平均、面积平均、时间平均等计算出来）算出仓储部门的费用，再将算出的成本总额与上一年度的数值进行比较，分析增减的原因，最后制定修改方案。

2. 按仓储项目核算仓储成本

按支付形态进行仓储成本分析，虽然可以得出总额，但是不能充分说明仓储的重要性。若要了解仓储的实际状态，了解在哪些功能环节上存在浪费现象，进而采取措施降低仓储成本，就应按仓储项目核算仓储成本，这就是按仓储项目核算仓储成本的方法。与按形态计算成本的方法相比，这种方法更能进一步找出妨碍实现仓储合理化的症结。而且可以计算出标准仓储成本（单位个数、质量、容器的成本），以便确定合理化目标。

3. 按适用对象核算仓储成本

按适用对象核算仓储成本，即分别按商品、地区、客户等的不同而计算成本。由此可以分析不同的对象对仓储成本的影响。如按商品核算仓储成本就是指把按项目核算出来的仓储费，以不同的基准分配给各类商品，以此计算仓储成本，并可以分析各类商品的盈亏。

三、平均成本的仓储费核算

仓储成本需要在每单位仓储货物的仓储收费中得到补偿，要将仓储总成本分摊到每一单位仓储货物上，只需要确定每项货物在某一时期内的平均成本，就可以确定所收取的仓储费用，具体公式如下：

仓储总成本＝固定资产折旧＋资本费用＋能源费＋水费＋工资＋管理业务费＋耗损费＋保险费＋税费

其中资本费用表现为所使用资本的利息，包括自有资本的利息。

单位仓储成本＝仓储总成本／库存总量

其中库存总量可以采取库存吨天量计算，则所确定的单位仓储成本为日成本，所确定的价格为日价；如果采用月存量计算，则可得到月价。一般来讲，仓储成本主要发生在出入库过程中，因而定价期的确定需要考虑货物存期。存期短、周转快的仓库应以日价确定价格；存期长的仓库可以选用较长期的价格。

第三节　仓储成本分析与控制

通过仓储成本分析，可以将库存控制在最佳数量，尽量减少人力、物力、材料的消耗，从而获得最大的供给保障。

一、影响仓储成本的因素

在物流企业中仓储成本管理是一项非常重要的工作，而仓储成本管理的核心内容是确定合理的库存量。而库存量是由许多因素决定的，在确定合理的库存量时，必须分析其影响因素。

1. 取得成本

取得成本主要包括采购过程中发生的各种费用总和。这些费用又可以分为随采购数量的变化而变化的变动费用、与采购数量多少关系不大的固定费用。

2. 储存成本

在企业的正常经营中，一般都应有一定的储备。有储备就会有成本费用发生，这些费用也可以分为两大类：一是与仓储物资数量多少有关的成本，如仓库设施维护修理费、物资搬运装卸费、仓库设施折旧费、仓库工作人员的工资等费用。二是与物资储备占用的资金多少有关的成本，如储备资金的利息、相关的税金、仓储物资合理损耗成本等。

3. 缺货成本

由于各种内外部环境的变化，企业的物资仓储数量不足，发生了缺货现象，从而造成了经营损失，这种由于缺货原因所造成的生产损失和其他额外支出称为缺货损失。因此，为了减少和防止缺货损失的发生，要综合考虑采购费用、储存费用等相关因素，确定最佳经济储量。

4. 运输时间

在一般情况下，从物资采购到企业仓库总是需要一定的时间，所以在采购时，需要将运输时间考虑在相关因素中。

总之，只有在充分分析上述影响因素后，才能确定仓储的最佳经济储量。

二、仓储成本的分析

1. 取得成本

取得成本是指为取得存货而支出的成本，分为订货成本和购置成本。订货成本是指取得订单的成本，与订货次数有关；购置成本是指存货物资本身的价值。因此取得成本为：

$$T_{qd}=F_d+K_d\times D/Q+D\times P$$

式中 T_{qd}——取得成本，元；

F_d——订货固定成本，元；

K_d——每次订货的变动成本，元；

D——年需求量，件；

Q——每次订货量，件；

P——单价，元/件。

2. 储存成本

储存成本是指企业为保持存货而发生的成本，如仓储费、搬运费、保险费、占用资金的利息等。储存成本分为与存货数量多少有关的变动成本、与存货数量无关的固定成本，因此储存成本为：

$$T_{cc}=F_c+K_c\times Q/2$$

式中 T_{cc}——储存成本，元；

F_c——固定储存成本，元；

K_c——单位变动储存成本，元/件。

3. 缺货成本

缺货成本是指由于存货不能满足生产经营活动的需要而造成的损失，如失销损失、信誉损失、紧急采购额外支出等。缺货成本用 T_{qh} 表示。

$$\begin{aligned}\text{总成本}&=\text{取得成本}+\text{储存成本}+\text{缺货成本}\\&=T_{qd}+T_{cc}+T_{qh}\\&=F_d+K_d\times D/Q+D\times P+F_c+K_c\times Q/2+T_{qh}\end{aligned}$$

因此存货量过大，可以减少缺货成本，但会相应增加储存成本；反之，存货量过小，会减少储存成本，但会增加订货成本和缺货成本。因此，为使存货的总成本达到最小，要确定经济批量。

三、仓储成本控制的原则

1. 整体性原则

因为仓储决策是企业经营的重要环节，所以仓储成本的控制要纳入企业的整体管理中，不能片面地追求降低仓储成本，而忽略了企业的整体运作。

2. 利益原则

首先，降低仓储成本从根本上说是对国家、企业、消费者有利的，但是如果在仓储成本控制中采用不适当的手段损害国家和消费者的利益，就是错误的，所以仓储成本的控制要符合国家和消费者的利益。其次，仓储成本控制要求有经济利益，即推行仓储成本控制而发生的成本费用支出不应超过因缺少控制而丧失的收益。只有在投入了一定的人力与费用进行仓储成本管理，为企业降低了成本，产生了经济利益，才显示了仓储成本控制的重要性。所以在仓储成本管理中，要建立严格的仓储成本控制制度，控制费用开支，以产生经济利益为原则。

3. 层层落实原则

进行仓储成本控制，必须把成本目标层层分解、层层归口、层层落实，具体到每一个部门甚至个人，只有这样才能使各有关责任单位明确责任范围，使仓储成本控制真正落到实处。

4. 重点管理原则

在仓储成本管理中，要编制成本预算，而企业实际发生的费用，不可能每一项都和预算完全一致，如果不管成本差异的大小，都详细记录并查明原因，将增加大量的工作，结果也不一定好。因此仓储成本控制应集中在金额较大的重点事项上，解决关键问题，为仓储成本目标的实现提供保证。

四、仓储成本控制的方法

1. 订货点控制法

订货点控制法是以固定订购点为基础的一种存货控制方法，即当库存量下降到一定水平（订货点）时，按固定的订货数量进行订货。该方法的重点在于确定订货批量和订购点，订货批量一般采用经济订货批量，订购点一般取决于对订货提前期和安全库存量的确定，如图 6—3—1 所示。

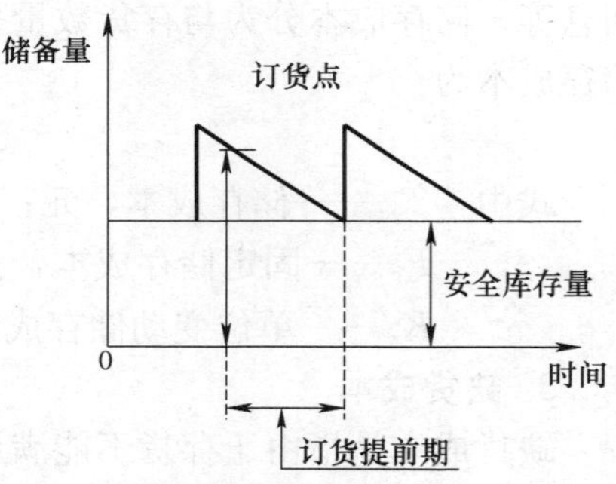

图 6—3—1　订货点示意图

订货点法的计算公式为：

订货点＝平均日需求量×订货提前期＋安全库存量

【例 6—2】某企业是一家经销计算机的零售商。安全库存量为 120 台，每天平均销售量为 60 台，订货提前期为 2 天。则：

订货点＝60×2＋120＝240 台

本例题具体分析如下：

在第 1 天，最佳订货批量 240 台全部到货，加上安全库存量 120 台，总库存量为 360 台。在第 3 天，总库存量下降到 240 台，到了订购点。因为从订购到收到货物需 2 天，在这段时间里要售出 120 台；由于在正常情况下不动用安全库存，所以当总库存量为 240 台时就得补充订货。如果订货后一天库存量就下降到 120 台，这时上次订货尚未收到，周转库存已用完，以后发货需动用安全库存。如果安全库存也消耗完了，第二次订货误期到达，那么就会发生缺货现象。由此企业确定订货点为 240 台。

使用订货点控制法管理方便，订货时间和订货量不受人为因素影响，可以保证库存管理的准确性，并便于按经济订货批量订货，节约库存成本，订货量确定后，便于按计划安排库内的作业活动，节约管理费用。但是也要注意使用该方法不便于对库存进行严格管理，所以该方法适用于单价比较便宜不便于少量订货的物品，或通用性强、需求总量比较稳定的物

品，或消费量计算复杂，品种数量多，库存管理量大的商品。

2. 经济批量控制法

订货批量是一次订货所订的货物数量，不能随意确定，因为订货批量多少直接影响库存量的多少，也直接影响货物供应的满足程度。订货批量的大小关系到订货费用与保管费用的多少，在一定期间内，物资的总需求量一定时，订货批量大，订货次数就会减少，订货费用就会降低，然而保管费用会提高；若订货批量小，保管费用就会降低，而订货次数会增加。

经济批量控制法就是通过平衡采购进货成本和保管仓储成本，以实现总库存成本最低的最佳订货量的方法，当企业按照经济批量来订货时，可实现订货成本和储存成本之和最小化。经济批量基本模型是基于几个假设建立的：

（1）企业能及时补充存货，不考虑缺货成本。

（2）物资是集中供应的。

（3）单位存货价值不变，不考虑折扣。

$$
\begin{aligned}
\text{总成本} &= \text{取得成本} + \text{储存成本} \\
&= T_{qd} + T_{cc} \\
&= F_d + K_d \times D/Q + D \times P + F_c + K_c \times Q/2
\end{aligned}
$$

其中，F_d、F_c 为常量，则总成本大小完全由订货变动成本和储存成本决定：

$$\text{总成本} = K_d \times D/Q + K_c \times Q/2$$

在 K_d、D、K_c 已知的情况下，总成本的大小取决于 Q，经济批量（EOQ）的计算公式为：

$$EOQ = \sqrt{2DK_dK_c}$$

3. 固定订货周期控制法

固定订货周期控制法是以固定的订购周期为基础的一种库存控制方法，即按照固定的时间周期来订货，而订货数量则是变化的。这种方法一般需要事先预测商品的需求，然后确定一个最高库存额，在每个周期将要结束时，对存货进行盘点，决定订货量，货物到达后应与原定的库存额持平。其计算公式为：

$$Q = D（T_a + T_b）+ S - Q_a - Q_b$$

式中　T_a——订货间隔时间；

T_b——平均订货时间；

D——平均日需求量；

S——安全储备量；

Q_a——现有库存量；

Q_b——已定未到量。

这种方法不必严格跟踪库存水平，减少了库存登记费用和盘点次数。价值较低的商品可以大批量购买，也不必关心日常的库存量，只要定期补充就行了。这种方法的关键在于确定订货周期，即从提出订货、发出订货通知，直至收到订货的时间间隔。

4. 存货的 ABC 分析控制法

ABC 分析控制是一种存货分类管理方法，它是运用数理统计的方法，对事物问题分类排队，并根据不同情况分别加以管理的方法。通常是将库存按年度货币占用量分为三类：A

类是年度货币量最高的库存，这些品种可能只占库存总数的20%左右，但库存成本却占到总数的80%左右；B类是年度货币量中等的库存，这些品种占全部库存的30%，库存成本占总数的15%；C类库存品种，占库存总数的50%，库存成本占总数的5%，见表6—3—1。

除货币量指标外，企业还可以按照销售量、销售额缺货成本等指标将库存分类。通过分类，管理者就能为每一类的库存品种制定不同的管理策略，实施不同的控制。

表6—3—1　　ABC管理策略

库存类型	特点	管理方法
A	品种数约占库存总数的20%，成本约占80%	进行重点管理。现场管理要更加严格，存货应放在更安全的地方；要经常进行检查和盘点；预测时要更加仔细
B	品种数约占库存总数的30%，成本占15%	进行次重点管理。现场管理不必投入比A类更多的精力；库存检查和盘点的周期可以比A类长一些
C	成本约占总成本的5%，但品种数量却占库存总数的50%	只进行一般管理。现场管理可以更松一点，但由于品种多需要定期进行库存检查和盘点，周期可以比B类长

5. CVA存货控制法

由于ABC分类法有不足之处，通常表现为C类货物得不到重视，由此也会给企业的运行带来问题。例如，经销鞋的企业会把鞋带列入C类物资，但是如果鞋带缺货将会严重影响鞋的销售，一个汽车制造厂会把螺钉列入C类物资，但缺少一个螺钉往往导致整个装配线的停工。因此企业在库存管理中引入了关键因素分析法（简称CVA），这种方法是把存货按照关键性分成4类，每类的特点和管理措施见表6—3—2。

表6—3—2　　CVA库存类型、特点及管理措施

库存类型	特点	管理措施
最高优先级	经营管理中的关键物品，或A类重点客户的存货	不许缺货
较高优先级	经营管理中的基础性物品，或B类客户的存货	允许偶尔缺货
中等优先级	经营管理中的比较重要性物品，或C类客户的存货	允许合理范围内的缺货
较低优先级	经营管理中需要，但可替代的物品	允许缺货

CVA分析法是在ABC分析法基础上的改进，能够做到物资的合理储存。两者结合使用，可以达到分清主次、抓住关键问题的目的。

第四节　仓储成本优化

仓储成本是物流成本中的一项重要内容，对仓储成本进行优化，应首先分析不合理仓储的主要表现，了解仓储合理的主要标志，进而采取多种策略和途径优化仓储成本。

一、不合理仓储的主要表现

1. 储存时间过长

仓储具有储存物资的时间效用，但是如果物资存储时间过长，其有形和无形损耗将持续加大。

2. 储存数量过多

储存虽然以一定数量形成保证供应、保证生产、保证消费的能力，但储存的损失（各种有形及无形的损失）是随着储存数量的增加成正比例地增加的。

3. 储存数量过少

储存数量过少会严重降低储存对供应、生产、消费的保证能力。当然，储存数量越少，储存的各种损失也会越少，储存数量降低到一定程度，由于保证能力的大幅度削弱会引起巨大损失，其损失远远超过由于减少储存量防止库损、减少利息支出损失等带来的收益。所以，储存量过少，也是会大大损害总效果的不合理现象。

4. 储存条件不足或过剩

储存条件不足，指的是储存条件不足以为被储存物提供良好的储存环境及必要的储存管理措施，因此往往造成被储物的损失或整个储存工作的混乱，使储存后的工作受到损失。储存条件不足主要反映在储存场所简陋，储存设施不足，维护保养手段及措施不力，不足以保护被储物。储存条件过剩，指的是储存条件大大超过需要，从而使被储物过高负担储存成本，使被储物的实际劳动投入大大高于社会平均必要劳动量，从而出现亏损。

5. 储存结构失衡

储存结构是被储物的比例关系。在宏观上和微观上，被储物的比例关系都会出现失调，如储存物的品种、规格、储存期、储存量、储存位置的失调等。

二、仓储合理的主要标志

1. 质量标志

保证仓储物的质量是完成储存功能的根本要求，只有这样，商品的使用价值才能通过物流之后得以最终实现。在仓储中增加了多少时间价值都要以保证质量为前提。

2. 数量标志

在保证仓储功能的前提下，要合理确定仓储数量，提高保证能力并降低仓储成本。

3. 时间标志

在保证仓储功能的前提下，要寻求一个合理的储存时间，这是和数量有关的问题，储存量越大，储存的时间就越长，相反就越短。在具体衡量时往往用周转速度来反映。

4. 结构标志

结构标志是从被储物的不同品种、不同规格、不同花色的储存数量的比例关系对仓储合理性的判断。

5. 分布标志

分布标志指不同地区仓储数量的比例关系，以此判断对需求的保障制度，也可以判断对整个物流的影响。

三、仓储成本优化的途径

1. 优化仓库布局，做到适度集中库存

集中库存是指利用储存规模优势，以适度集中储存代替分散的小规模储存来实现仓储成本优化。如海尔在内的许多企业通过建立大规模的物流中心，把过去的零星库存集中起来进行管理，并对一定范围内的用户进行直接配送，从而显著降低仓储成本。所以进行适度集中库存，可以提高对单个用户的保证能力，有利于采用机械化、自动化方式，也有利于形成一定批量的干线运输，并有利于形成支线运输的始发点。但是在进行仓库布局时注意仓库的减少与库存的集中，有可能会增加运输成本，因此要在运输成本、仓储成本和配送成本的综合角度考虑仓库布局与集中储存，要在总储费及运输费之间取得最优。

2. 采用现代化库存计划技术来控制合理库存量

例如，采用物料需求计划（MRP）、制造资源计划（MRPⅡ），以及准时化（JIT）生产和供应系统等，来合理地确定原材料，在产品、半成品和产成品等每个物流环节实行最优库存控制，使存货水平最低，浪费最小，空间占用最少。

3. 运用存储理论确定物资经济合理的库存量，实现货物存储优化

在进行物流仓储时，首先要进行分析，货物从生产到客户之间需要经过几个阶段；每个阶段存储库存量多少合理；为保证供给，需隔多长时间补充库存；一次进货多少才能达到费用最少等问题。在明确这些问题后，利用仓储理论找到正确方法，如一般利用经济订购批量模型。

4. 对库存实施 ABC 和 CVA 管理法分析，抓住重点，优化库存结构

在库存数量上要设计合理经济，在物资的结构上更需要做到合理。各种物资之间如果关联性很强，只要一种物资耗尽，即使其他物资仍有一定的数量，也无法投入使用，所以运用 ABC 和 CVA 管理法对物资结构通过分析，对物资结构合理划分，加强控制。

5. 加强仓储管理，降低日常开支

在保证货物质量安全的前提下，要科学堆放和储藏物品，以节约保管费用，提高仓库与仓储设备的利用率，掌握好储存额的增减变化情况，充分发挥库存使用效能，提高保管人员的工作效益，减少临时人员工资支出，此外还要加强仓储物的保养，减少和降低各种损耗，从而优化仓储成本。

四、仓储成本优化的特例——零库存

零库存是一个特殊的仓储概念，其含义是仓库储存形式的某种或某些物品的储存数量为“零”，即不保持库存或库存达到最低。物资以零库存形式存在就可以免去仓储的一系列问题，如仓库建设、管理费用、存货维护、保管、装卸、搬运等费用，存货占用资金，以及库存物资的老化、变质等损耗。

生产企业要最大限度地降低库存成本，必须树立零库存思想。实现零库存的根本途径就是实施准时化作业，例如准时化采购、准时化生产、准时化配送、准时化销售等。准时化就是只在需要的时候把需要的品种和数量送到需要的地点，这样可以实现零库存。实施零库存管理对物流成本的影响见表 6—4—1，零库存的主要形式见表 6—4—2。

表 6—4—1　　零库存管理对物流成本的影响

零库存实施的环节	优点和效益	难点和成本
采购环节（准时化采购）	将原材料库存降到最低甚至零；减少原材料库存占用资金和优化应付账款；库存管理成本的降低（包括仓库费用、人员费用、呆滞库存等）	能够实现企业准时化采购；小批量供应、运输或配送频率高，物流成本高；需和供应商进行即时信息交流，信息化投入大；采用供应商管理库存（VMI）方式实现零库存，因企业计划、市场变化和产品更新等因素会造成供应商产品积压与报废，影响长久合作的关系
生产环节（准时化生产）	将生产环节中的在制品和半成品降到最低，减少在制品和半成品库存占用资金	生产设备柔性较大，且更新时投资成本较大；生产管理模式的改变（看板管理、轮动管理）；生产作业软件管理系统的投入
物流配送环节（准时化配送和协同物流）	在物流和运输中做到一体化协同运作；减少中间仓储和搬运等环节，可将物流成本控制在最低水平	在物流和运输中做到一体化协同运作，减少中间仓储和搬运等环节，需要在各协作厂商间建立信息交换平台；物流和配送实际网络的配套和建设
销售环节（准时化销售）	按“真实的”订单生产，“消灭”成品库存；或销售预测准确，尽量降低成品库存甚至为零，从而减少其占用资金和优化应收账款回款；规避成品因市场变化和产品升级换代而产生的降价风险；库存管理成本的降低（包括仓库与人员费用、呆滞库存等）	按订单式生产的销售模式中，会造成客户等待、交货时间延后，丧失某些商业机会；其中直销模式需建立强大的订单处理和客户服务系统；按预测式生产的销售模式中，对销售终端（不是批发商等中间环节，而是零售商的门店等）的数据采集和分析要求极高，以求预测数据尽量接近实际，而这方面的技术和管理成本是巨大的；小批量、多频率销售，造成较高的运输或配送等物流成本

表 6—4—2　　零库存的主要形式

主要形式	说明
委托保管方式	接受用户的委托，由受托方代存代管所有权属于用户的物资，从而使用户不再保有库存，甚至可不再保有保险储备库存，从而实现零库存。利用这种方式受托方可以发挥专业优势，利用专业化的高水平管理来显著降低库存管理费用。而用户方不再设有仓库，减去了仓储管理的大量事务，降低仓储费用，并能集中于生产经营，发挥优势
协作分包方式	主要是制造企业的一种产业结构形式，这种结构形式是以若干分包企业的柔性生产准时供应为基础，使主企业的供应库存为零，同时主企业的集中销售库存使若干分包劳务及销售企业的销售库存为零。在许多发达国家，制造企业都是以一家规模很大的主企业和许多小型分包企业组成的，主企业主要负责装配和产品开拓市场的指导，分包企业各自分包劳务、分包零部件制造、分包供应和分包销售等
同步方式	是在对系统进行周密设计的前提下，使各个环节速率完全协调，从而取消各个环节之间物资的暂时停滞。这种方式是在传送带式生产基础上，进行更大规模延伸形成的一种使生产与材料供应同步进行，通过传送系统供应从而实现零库存的形式
准时供应	这是一种就像拧开自来水管的水龙头就可以取水而无须自己保有库存的零库存形式。供货方以自己的库存和有效供应系统承担即时供应的责任，从而使用户实现零库存。这种库存方式要依靠企业间供应链的有效建立

思考与练习

1. 仓储成本的构成项目有哪些？各自有哪些特点？
2. 仓储成本核算有哪些方法？
3. 影响仓储成本的因素有哪些？仓储控制应遵循哪些原则？
4. 订货点控制法的原理是什么？如何实施？经济批量控制法的原理是什么？如何实施？

5. 分析仓储成本优化的实现途径。

6. 把存货分成ABC三类的主要指标是什么？

7. 陈江最近受聘为某物流中心的经理，他非常重视存货成本，也知道可用EOQ来降低成本。他预期今年销售40 000单位，单位储存成本为25元/件，一次订货成本为50元。则经济订购批量为多少件？总费用为多少？

8. 考察一家公司的仓储管理，为该公司仓储成本优化提出方案。

9. 某企业对库存物资进行ABC分类的供应金额百分比计算见表6—4—3。

表6—4—3　　计算表

名称	供应金额数（元）	构成比例（%）
A	400 000	40.0
B	20 000	2.0
C	200 000	20.0
D	30 000	3.0
E	70 000	7.0
F	80 000	8.0
G	100 000	10.0
H	30 000	3.0
I	60 000	6.0
J	10 000	1.0
合计	1 000 000	100.0

确定ABC分类计算表中各种物资分属于哪一类，并说出各类物资的主要管理方法。

10. 某公司为了降低物资的库存成本，采用订货点控制法进行成本控制。这种物资的年需求量为1 000单位，每次订货费用为10元/次，每年每单位物资的保管费用为0.5元，安全库存为3天，订货提前期为4天，请计算每次经济订购批量和订购点量（一年按360天计算）。

第七章

物流配送成本管理

第一节　配送成本概述

配送成本的高低直接关系到配送中心的利润，进而影响连锁企业的利润。因此，如何以最少的配送成本“在适当的时间将适当的物品送到适当的地方”，是摆在企业面前的一个重要问题，对配送成本进行管理控制显得十分必要。

一、配送成本的含义

配送成本是指在配送活动的备货、储存、分拣、配装、送货、加工等环节所发生的各项费用的总和，是配送过程中所消耗的各种活劳动和物化劳动的货币表现。

配送过程中发生的费用如人工费用、作业消耗、物品损耗、利息支出、管理费用等，按一定对象进行归集就构成了配送成本。

二、配送成本的构成

为了有效地计算和控制、分析配送成本，必须先了解配送成本的构成。从不同角度来分析，配送成本的构成项目也不同。

1. 从支付形态角度分类

从支付形态角度分类，配送成本由材料费、人工费、公益费、维护费、一般经费、特别经费、对外委托费、其他费用等项目构成。

（1）材料费

材料费是指因物料消耗而发生的费用，由物资材料费、燃料费、消耗性工具、低值易耗品摊销及其他物料消耗费构成。

（2）人工费

人工费是指因劳动力的消耗而发生的费用，包括工资、奖金、补贴、津贴、福利费、劳保费、职工教育培训费及其他一切用于职工的费用。

（3）公益费

公益费是指向电力、煤气、自来水、绿化、热力等公益服务部门支付的费用。

（4）维护费

维护费是指土地、房屋建筑物、机器设备、车船、搬运工具等固定资产的使用、运转和维修保养所发生的费用，包括维修保养费、折旧费、租赁费、保险费，还包括为这些固定资产每年缴纳的房产税、车船使用税、城镇土地使用税等税金。

（5）一般经费

一般经费是指差旅费、交通费、资料费、零星购进费、邮电费、城市维护建设税、教育费附加等，还包括商品损耗费、事故处理费及其他杂费等一般项目支出。

（6）特别经费

特别经费是指采用不同于财务会计的计算方法计算出来的配送费用，包括企业内利息和按实际使用年限计算的折旧费等项目。

（7）对外委托费

对外委托费是指企业对外支付的包装费、运费、保管费、装卸费、手续费等。

（8）其他费用

在配送成本中还应包括向其他企业支付的费用和其他企业自己负担的配送费用。例如商品购进采用送货制时包含在购买价格中的运费和商品销售采用提货制时因客户自己取货而从销售价格中扣除的运费，在这些情况下，虽然实际上本企业内并未发生配送活动，但这些属于机会成本，也应将其作为配送成本计算在内。

2. 按配送活动环节分类

由于配送活动是各个配送环节的集成，所以配送成本费用的计算由组成配送活动的配送运输环节成本、分拣环节成本、配装环节成本和流通加工环节成本构成。各个环节成本又有具体的成本构成项目。

（1）配送运输成本项目及内容

配送运输成本是指配送车辆和人员在完成配送货物过程中发生的各种直接费用和配送间接费用。

配送直接费用主要包括配送人员的工资、福利费；配送车辆运行所耗用的燃料、轮胎；配送车辆提取的折旧费、日常修理和大修费用、清洗费；配送车辆向公路管理部门缴纳的营运车辆养路费、向运输管理部门缴纳的营运车辆管理费、向税务部门缴纳的车船使用税；配送车辆行车事故损失；其他项目，如行车杂支、随车工具费、防滑链条费、司机和助手劳动防护用品费、冬季预热费等。

配送间接费用是指配送运输管理部门为管理和组织配送运输生产所发生的各种管理费用和业务费用，包括配送运输管理部门管理人员的工资及福利费；配送运输部门为组织运输生产活动所发生的管理费用及业务费用，如办公费、差旅费、保险费、水电费、取暖费等；配送运输管理部门使用的固定资产的折旧费、修理费；直接用于配送运输生产活动，构成营运成本但不能直接计入成本项目的其他费用。

一般企业的配送运输成本要占配送总成本的60%以上，企业应对此重点管理。

（2）配送分拣成本项目及内容

配送分拣成本是指分拣机械和人员在完成货物分拣过程中所发生的各种费用，由分拣直接费用和间接费用构成。

分拣直接费用由分拣作业人员的工资、福利费，分拣机械的维修、折旧费等构成。

分拣间接费用是指分拣管理部门为管理和组织分拣生产而发生的各项管理费用和业务费用。

（3）配送配装成本项目及内容

配装成本是指在完成配装货物过程中所发生的各种费用，由直接费用和间接费用两部分构成。

配装直接费用由配装作业人员的工资、福利费，配装过程中消耗的各种直接材料费用（如纸、箱、桶等的成本），各种辅助材料费用（如标识、标签等成本）及其他费用构成。

配装间接费用是指配装管理部门为管理和组织配装生产所发生的各项管理费用和业务费用等。

（4）配送流通加工成本项目及内容

配送流通加工环节和一般生产过程类似，其成本项目由直接材料费用、直接人工费用和制造费用构成。

直接材料费用是指对流通加工产品加工过程中发生的直接消耗材料、辅助材料、包装材料及燃料和动力等费用，这部分费用占流通加工成本的比重不大。

直接人工费用是指直接进行加工生产的生产工人的工资和福利费等。

制造费用是指流通加工中心为组织和管理生产加工所发生的各项间接费用，主要包括流通加工中心管理人员的工资、福利费，流通加工中心房屋、建筑物、机器设备等固定资产的折旧费和修理费，固定资产租赁费、机物料消耗、低值易耗品摊销、取暖费、水电费、办公费、差旅费、保险费、实验检验费、季节性停工和机器设备修理期间的停工损失及其他制造费用等。

实际核算配送成本时，往往先按照各个配送环节进行计算，各个配送环节内部计算成本时，再按照成本支付形态进行计算。

3. 按配送功能分类

按配送功能分类即通过观察配送费用是由配送的哪种功能产生的所进行的分类。按前面所述的支付形态进行配送成本分析，虽然可以得出总额，但还不能充分说明配送的重要性。若想降低配送费用，就应把这个总额按照其实现的功能进行详细区分，以便掌握配送的实际状态，了解在哪个功能环节上有浪费，达到有针对性的成本控制。按照配送功能进行分类，配送成本大体可分为物品流通费、信息流通费和配送管理费三大类。

（1）物品流通费

物品流通费是指为了完成配送过程中商品、物资的物理性流动而发生的费用，可进一步细分为以下几项：

1）备货费。指进行备货工作时需要的费用。包括筹集货源、订货、集货、进货及进行有关部门的质量检验、结算、交接等而发生的费用。

2）保管费。指一定时期内因保管商品而需要的费用。除了包租或委托储存的仓储费外，还包括企业在自有仓库储存时的保管费。

3）分拣及配货费。指在分拣、配货作业中发生的人力、物力的消耗。

4）装卸费。指伴随商品包装、运输、保管、运到之后的移动而发生的商品在一定程度范围内进行水平或垂直移动所需要的费用。在企业内，一般都未单独计算过装卸费，而是根据其发生的时间将其计入相关的运杂费、保管费、进货费中。如果在实务中很难分离，也可将装卸费分别计算在相应的费用中。

5）短途运输费。指把商品从配送中心转移到客户指定的送货地点所需要的运输费用。除了委托运输费外，还包括由本企业的自有运输工具进行送货的费用，但要将伴随运输的装卸费用除外。

6）配送加工费。指根据用户要求进行加工而发生的费用。

（2）信息流通费

因处理、传输有关配送信息而发生的费用。包括与储存管理、订货处理、客户服务有关的费用。在企业内处理、传输的信息中，要把与配送有关的信息与其他信息的处理、传输区分开来往往极为困难，但是这种区分在核算配送成本时却是十分必要的。

（3）配送管理费

进行配送计划、调整、控制所需要的费用，包括作业现场的管理费和企业有关管理部门的管理费等。

4. 按适用对象分类

按不同的功能来计算配送成本可实现对配送成本的控制，但作为管理者还希望能分别掌握对不同的产品、地区、客户产生的配送成本以便进行未来发展的决策，这就需要按适用对象来计算配送成本。通过按不同对象归集配送成本可以分析出产生不同配送成本的具体对象，进而帮助企业确定不同的销售策略。

（1）按分店或营业所计算配送成本

就是要算出各营业单位配送成本与销售金额或毛收入的比率，用来了解各营业单位配送中存在的问题，以便加强管理。

（2）按客户计算配送成本

可分为按标准单价计算和按实际单价计算两种计算方式。按客户计算配送成本可以用来作为确定目标客户、确定服务水平等营销战略的参考。

（3）按商品计算配送成本

把按功能计算出来的成本，以各自不同的基准，分配给各类商品，以此计算配送成本。这种方法可用来分析各类商品的盈亏，进而对确定企业的产品策略提供参考。在实际应用中，要考虑进货和出货差额的毛收入与商品周转率之间的交叉比率。

三、配送成本的影响因素

1. 配送作业时间

配送作业的持续时间影响着配送作业对仓储设施设备的占用时间，影响设施设备的固定资产投入成本；配送业务决定了时间的长短，影响车辆配载效率，也影响配送线路的优化，直接影响配送成本的控制。

2. 配送距离

配送距离是构成配送运输成本的重要因素。距离越远，意味着运输成本越高，运输设备与员工配备成本越高。

3. 配送的数量和质量

数量和质量的增加会使配送作业量增大，总成本上升。但是大批量的配送作业也会使作业效率得到提高，单位产品配送成本下降，外包配送可能得到的价格优惠更多。

4. **货物种类及作业过程**

不同的货物种类可能造成的配送作业过程不同，技术要求不同，承担的责任也不同。因而不同的货物种类对配送成本会产生较大的影响，如不同包装方式的物品，标准化程度或装卸活性指数不同直接影响配送作业成本。

5. **外部成本**

配送作业时可能需要利用企业外的资源，如租用装卸搬运设施设备、不同地区的交通管制状况、基础设施完备情况，这些因素都会影响企业配送成本的大小。

第二节　配送成本核算

我国现在对于物流成本及配送成本的核算均没有统一的标准。参照日本《物流成本统一计算标准》，在计算物流成本时要把握一个基本原则，就是从“按支付形态”入手，来计算物流费用。同样，在计算配送成本时也应该从“按支付形态”入手开始进行。企业配送成本核算在参照本书第二章物流成本核算方法的基础上，具体可按如下程序进行。

一、归集、提取并分配不同支付形态的配送成本

按支付形态来计算配送成本，必须首先从企业会计核算的全部相关科目中抽出所包含的配送成本。如运输费、保管费等向企业外部支付的费用，可以全部看作配送成本，把各个支付形态的成本归集到一起；而企业内部的配送费用的计算必须从有关项目中进行提取，这是配送成本核算时比较关键的一个环节，因为提取正确与否关系到计算出来的配送成本的正确性。然后再把各个支付形态的配送成本按一定标准在各个营业所或各客户、各种商品间分配。

1. **材料费**

可以根据进出库记录提取出某一时期用于配送活动中的消耗量，再乘以材料的购进单价而得出。但是这样计算需要出入库账目以物流为主进行记录。当难以通过材料实际支出单据进行统计时，可以采用盘存计算法，即：

本期消耗量＝期初结余＋本期购进－期末结余

材料的购进单价应包括材料的购买费、进货运费、装卸费、保险费、关税、购进杂费等。

2. **人工费**

人工费根据发给配送人员的工资、补贴、奖金等开支或按整个企业职工的平均工资额等费用情况进行计算。职工劳保费、按工资总额的14%提取的职工福利费，以及按工资总额的1.5%提取的职工教育经费等都需要从企业这些费用项目的总额中把用于配送人员的费用部分抽取出来。当实际费用很难抽取出来进行计算时，也可将这些费用的总额按从事配送活动的职工人数比例分摊到配送成本中。

3. **公益费**

公益费包括电费、煤气费、水费、暖气费、绿化费等开支。如果企业想严格计算配送成本，应该为每一个配送设施都安装上计数表，这样计算出来的配送成本才准确可靠。但是，

现在一般企业不具备这个条件，作为一种简易方法，也可以从整个企业的上述项目开支中，按配送设施价值或面积占企业设施总价值或总面积的比例或配送人员占总人数的比例计算得出。

4. 维护费

维护费包括了固定资产的使用、运转和维护保养所产生的维修保养费、房产税、土地使用税、车船使用税、租赁费、保险费、按固定资产经济使用年限提取的折旧费等。维护费应根据本期实际发生额计算，对于经过多个期间统一支付的费用（如租赁费、保险费等），可按期间分摊计入本期相应的费用中。对于配送活动发生的维护费，先提取出能直接掌握的部分，不能直接掌握的部分，可以按配送建筑物面积占企业总面积或配送设备价值占企业设备总价值的比例进行分摊。

5. 一般经费

这项费用相当于财务会计中的一般管理费用。其中，对于差旅费、书报资料费等人员和使用目的明确的费用，属于配送活动发生的，可以直接计入配送成本；不能直接确定的部分，可以按照人头或设备比例进行分摊。

6. 特别经费

特别经费包括按企业内部利息和实际使用年限计算的折旧费等。企业内部利息实际上是配送活动所占用的全部资金的资金成本。因为这部分资金成本不是以银行利率而是以企业内部利率计算，所以称为企业内部利息。这种企业内部利息仅仅是以管理会计中资金成本的形式加到成本中，实质上是对配送活动占用资产的一种以整个企业内部平均利息率来计算的资金成本，它与实际支付的利息不同，实质上应该看成一种机会成本。企业内部利息的计算，对配送中使用的固定资产以固定资产的评估价乘以企业内部利息率，对存货以账面价值乘以企业内部利息率。

固定资产一般要求按照经济使用年限计提折旧，提取的折旧费属于一般经费这一支付形态。对于按照实际使用年限计提折旧的固定资产，其折旧额属于特别经费。

7. 对外委托费

对外委托费根据本期实际发生额进行计算。除此以外的间接委托的费用按一定标准分摊到各功能的费用中。

8. 其他企业支付的费用

其他企业支付的费用虽然不作为本企业费用支付，但对购进商品实际上已经将运费、装卸费等包含在进货价格中，如果企业自已到商品产地购进，这部分费用是要由本企业支付的。对销售的商品，买方提货所支付的费用相当于扣减了销售价格，如果销售的商品采用送货制，这部分费用也要由本企业支付。因此，其他企业支付的配送费用实际上是为了弥补应由本企业负担的配送费用而计入配送成本的。该费用的计算以本期发生购进时其他企业支付和发生销售时其他企业支付配送费的物品质量或件数为基础，乘以费用估价计算。如果本企业也承担与此相应的配送费用，可用本企业相应的配送费用来代替。

二、填写配送成本计算表

根据计算配送成本的需要，将第一步收集、计算的数据填入配送成本计算表，见表7—2—1。

表 7—2—1　　按范围、形态归类的配送成本计算表

支付形态 \ 范围					营业所			客户			商品		合计
企业配送成本	本企业支付配送费	企业本身配送费	材料费	材料费									
				燃料费									
				低值易耗品费									
				其他									
				合计									
			人工费	工资、津贴、补贴									
				劳保、福利、教育经费									
				其他									
				合计									
			公益费	水、电费									
				煤气费									
				绿化费									
				暖气费及其他									
				合计									
			维护费	维修费									
				消耗性材料费									
				税金									
				租赁费、保险费及其他									
				合计									
			一般经费										
			特别经费	折旧费									
				企业内利息									
				合计									
			企业本身配送费合计										
		对外委托费											
		本企业支付配送费											
	外企业支付配送费												
	企业配送费总计												

如果要想了解按功能、支付形态分类的配送成本的支出情况，可以把表 7—2—1 右端合计栏中的数字转入表 7—2—2。从表 7—2—2 中的数字，可以简单地看出配送活动中哪种功能的成本最高，费用都发生在哪个配送环节。

表 7—2—2　　按功能、形态归类的配送成本计算表

<table>
<tr><td colspan="5" rowspan="2">功能
支付形态</td><td colspan="6">物品流通费</td><td rowspan="2">信息流通费</td><td rowspan="2">配送管理费</td><td rowspan="2">合计</td></tr>
<tr><td>备货费</td><td>保管费</td><td>分拣及配货费</td><td>装卸费</td><td>短途运输费</td><td>配送加工费</td></tr>
<tr><td rowspan="28">企业配送成本</td><td rowspan="26">本企业支付配送费</td><td rowspan="24">企业本身配送费</td><td rowspan="5">材料费</td><td>材料费</td><td></td><td></td><td></td><td></td><td></td><td></td><td></td><td></td><td></td></tr>
<tr><td>燃料费</td><td></td><td></td><td></td><td></td><td></td><td></td><td></td><td></td><td></td></tr>
<tr><td>低值易耗品费</td><td></td><td></td><td></td><td></td><td></td><td></td><td></td><td></td><td></td></tr>
<tr><td>其他</td><td></td><td></td><td></td><td></td><td></td><td></td><td></td><td></td><td></td></tr>
<tr><td>合计</td><td></td><td></td><td></td><td></td><td></td><td></td><td></td><td></td><td></td></tr>
<tr><td rowspan="4">人工费</td><td>工资、津贴、补贴</td><td></td><td></td><td></td><td></td><td></td><td></td><td></td><td></td><td></td></tr>
<tr><td>劳保、福利、教育经费</td><td></td><td></td><td></td><td></td><td></td><td></td><td></td><td></td><td></td></tr>
<tr><td>其他</td><td></td><td></td><td></td><td></td><td></td><td></td><td></td><td></td><td></td></tr>
<tr><td>合计</td><td></td><td></td><td></td><td></td><td></td><td></td><td></td><td></td><td></td></tr>
<tr><td rowspan="5">公益费</td><td>水、电费</td><td></td><td></td><td></td><td></td><td></td><td></td><td></td><td></td><td></td></tr>
<tr><td>煤气费</td><td></td><td></td><td></td><td></td><td></td><td></td><td></td><td></td><td></td></tr>
<tr><td>绿化费</td><td></td><td></td><td></td><td></td><td></td><td></td><td></td><td></td><td></td></tr>
<tr><td>暖气费及其他</td><td></td><td></td><td></td><td></td><td></td><td></td><td></td><td></td><td></td></tr>
<tr><td>合计</td><td></td><td></td><td></td><td></td><td></td><td></td><td></td><td></td><td></td></tr>
<tr><td rowspan="5">维护费</td><td>维修费</td><td></td><td></td><td></td><td></td><td></td><td></td><td></td><td></td><td></td></tr>
<tr><td>消耗性材料费</td><td></td><td></td><td></td><td></td><td></td><td></td><td></td><td></td><td></td></tr>
<tr><td>税金</td><td></td><td></td><td></td><td></td><td></td><td></td><td></td><td></td><td></td></tr>
<tr><td>租赁费、保险费及其他</td><td></td><td></td><td></td><td></td><td></td><td></td><td></td><td></td><td></td></tr>
<tr><td>合计</td><td></td><td></td><td></td><td></td><td></td><td></td><td></td><td></td><td></td></tr>
<tr><td colspan="2">一般经费</td><td colspan="9"></td></tr>
<tr><td rowspan="3">特别经费</td><td>折旧费</td><td colspan="9"></td></tr>
<tr><td>企业内利息</td><td colspan="9"></td></tr>
<tr><td>合计</td><td colspan="9"></td></tr>
<tr><td colspan="2">企业本身配送费合计</td><td colspan="9"></td></tr>
<tr><td colspan="3">对外委托费</td><td colspan="9"></td></tr>
<tr><td colspan="3">本企业支付配送费</td><td colspan="9"></td></tr>
<tr><td colspan="4">外企业支付配送费</td><td colspan="9"></td></tr>
<tr><td colspan="4">企业配送费总计</td><td colspan="9"></td></tr>
</table>

如果要想求出按范围、功能分类的配送成本，可以把表 7—2—2 最下端的数字转入表 7—2—3 中。这样可以了解哪个范围、哪种功能的配送成本最高，并且还能算出销售额与配送成本的比例及根据销售数量算出的单位配送成本。

表 7—2—3　　　　按功能、范围归类的配送成本计算表

功能 范围		物品流通费						信息流通费	配送管理费	合计
		备货费	保管费	分拣及配货费	装卸费	短途运输费	配送加工费			
营业所										
客户										
商品										
占销售成本比例										
占销售金额比例										

计算配送成本时要注意，每进行一次配送成本计算，都要明确计算范围，以使结果具有可比性。明确计算范围的方法，就是直接利用上述计算表格。因为这些表能够计算出配送成本的总额。当实际计算过程只计算部分成本时，同样可以利用这些计算表，只需将非计算对象在成本栏中空出。这样，就能通过把本年度的计算结果与上一年度进行比较，看出计算范围上的差别。

此外，由于配送成本计算的范围明确了，在与其他企业进行比较或进行时间序列分析时，也可消除因计算范围不同所引起的成本计算结果上的差别。

第三节　配送成本分析与控制

配送成本核算出来以后必须及时进行分析，找出影响配送成本的关键因素，尤其是导致成本上升的不利因素，只有经过分析才能明确配送需要改善的方面，然后由相关部门采取相应措施加以控制。

一、配送成本分析

配送成本分析可以从配送具体成本和配送总成本两个方面进行。

1. 配送具体成本分析

（1）配送成本指标分析

为了考核配送各作业环节成本费用的合理状况，可以通过配送成本核算时计算出来的成本数据进行分析。把具有关联性的成本指标进行对比分析，例如，把本期成本数据和标准成本、上一年同期数据或历史最好水平进行对比，在对比过程中，不但要分析总成本的变化情况，还要注意分析构成总成本的各个项目的变化，找出导致成本变化的关键因素，然后有针对性地实施重点控制，加强成本管理，降低成本费用，提高企业经济效益。在分析过程中，在条件许可的情况下，应从多个角度进行分析。分析不同形态的配送成本占总成本比例的变化情况；不同功能的配送成本占总成本比例的变化情况；不同商品所发生的配送成本的变化情况；不同营业所的配送成本变化情况等。

1）单位配送成本率

单位配送成本率＝配送成本/企业总成本×100％

该指标用来评价配送成本占企业总成本的比例。在用该指标进行分析时，应把配送部门作为一个成本中心来考核。实际执行时一般把该指标作为考核企业内部配送合理化或检查企业是否达到合理化目标的指标来使用。该指标越大，说明配送成本在企业总支出的比例越大，应分析原因，找出改进的方法。

2）物流配送职能成本率

物流配送职能成本率＝配送成本/物流成本×100％

该指标用来分析配送成本占企业物流总成本的比例。通过把该指标和企业其他物流职能成本率进行比较，可以看出企业物流配送职能发挥得如何。

3）配送成本率

配送成本率＝配送成本/销售额×100％

该指标用来说明每单位销售额需要支出的配送成本。该指标越高则其对价格的弹性越低，说明企业单位销售额需要支出的配送费用越高。从企业历年的资料中，大体可以了解其动向。另外，通过与同行业和行业外进行比较，可以进一步了解企业的配送成本水平。

4）单位营业费用配送成本率

单位营业费用配送成本率＝配送成本/（营业费用＋一般管理费用）×100％

该指标用来分析配送成本占营业费用的比例。通过配送成本占营业费用的比率，可以判断企业配送成本的比重，而且这个比率不受进货成本变动的影响，得出的数值比较稳定，适合作为企业配送合理化的评价指标。

5）配送成本利润率

配送成本利润率＝利润总额/配送成本×100％

该指标用来分析一定时期销售一定数量产品所发生的配送成本与获得的利润总额的比率。表明在配送活动中，耗费一定量的资金所获得的经济效益的能力。如果企业配送效率高，市场竞争力强，产品成本低，则盈利能力增强，该指标也相应提高。通过不同时期或与计划指标的比较，可以说明企业资金耗费经济效益的状况。

6）配送效用增长率

配送效用增长率＝配送成本本年比上年增长率/销售额本年比上年增长率×100％

该指标用来说明企业配送成本变化与销售额变化的关系。该指标合理比率应该为1，如果企业该比率大于1，说明配送成本增加的速度超过了销售额的增加速度，应引起企业的重视，考核配送费用控制具有的降低空间。

（2）配送成本汇总表分析

由于配送成本是由多环节的成本组成的，因此，对配送成本的分析也应当按照各环节成本进行分项分析，通过分析能够真正揭示配送费用预算和成本计划的完成情况，查明影响计划或预算完成的各种因素变化的影响程度，寻求降低成本、节约配送费用途径的方法。

配送成本汇总表是反映配送环节在一定时期（年、季、月）的成本构成、成本水平和成本计划执行情况的综合性指标报表。利用配送成本汇总表，可以分析、考核各项计划执行情况和各种消耗定额完成情况，研究降低成本的途径，从而不断改善经营管理，提高配送盈利水平。下面以配送过程中的分拣环节成本为例进行分析。

1）配送分拣成本汇总表的内容与编制。配送分拣成本汇总表是总括反映配送部门在月份、季度、年度内配送分拣成本的构成、水平和成本计划执行结果的报表，具体见表7—3—1。配送分拣成本计算表是月报表，表内列有各成本项目的计划数、本月实际数和本年累计实际数。计划数只在12月填列，实际数根据“配送支出”月终余额填列。分拣量根据统计部门提供的资料填列，成本降低额和成本降低率的计算公式为：

配送分拣成本降低额＝配送分拣上年实际单位成本本年分拣实际数量－本年分拣实际成本

配送分拣成本降低率＝成本降低额/（配送分拣上年实际单位成本本年分拣实际数量）×100％

表7—3—1　　配送分拣成本汇总表　　元

项目	行次	计划数	本期实际数	本年累计实际数
一、分拣费用	1	5 140 600		5 144 188
1 工资	2	288 700		288 215
2 职工福利基金	3	60 700		62 936
3 材料	4	1 691 900		1 759 126
4 修理费	5	1 366 600		1 339 017
5 折旧费	6	1 245 700		1 216 934
6 其他	7	487 000		477 960
二、分拣管理费用	8	967 000		933 254
三、配送分拣总成本	9	6 184 100		6 072 442
四、分拣量	10	43 452 625		43 395 134
五、单位成本	11	0.142 3		0.139 9
六、成本降低额	12	65 601		167 778
七、成本降低率（％）	13	1.05		2.69

已知该企业上一年配送分拣单位成本为0.143 8，除此以外，表中还要列出一些“补充资料”，包括上年配送分拣总成本、上年周转量及配送总行程等项目，以供进行成本分析之用。

2）配送分拣成本汇总表的分析。配送分拣成本汇总表的一般分析，主要是根据表中所列数值，采用比较分析法，计算比较本年计划、本年实际与上年实际成本升降情况，结合有关统计、业务、会计核算资料和其他调查研究资料，查明成本水平变动原因，提出进一步降低物流配送成本的意见。现以表中所示数值为例进行分析：

$$配送分拣成本降低额=0.143\ 8\times 43\ 395\ 134-6\ 072\ 442=167\ 778元$$

$$配送分拣成本降低率=167\ 778/(0.143\ 8\times 43\ 395\ 134)\times 100\%=2.69\%$$

本年度计划配送成本要求比上年实际降低 1.05%，成本降低额 65 601 元。实际成本降低 167 778 元，成本降低率 2.69%，成本降低额大大超过计划要求，主要原因是配送单位成本的降低：分拣成本和分拣管理费用实际比计划都有一定程度的降低，当然企业还可以根据具体的降低数量进一步分析详细的原因。

配送分拣成本的这种一般分析，只能了解成本水平升降的概略情况，为了进一步揭示成本变动的具体原因，需要从以下几个方面做比较深入的分析：各种材料用量、材料价格和一些费用比率（如折旧率、大修理基金提存率等）变动对成本水平的影响；各项消耗定额和费用开支标准变动对成本水平的影响；配送分拣数量及设备运用效率高低对成本水平的影响等。

2. 配送总成本分析

配送中心的物流管理强调综合物流，其中基本的概念就是以总成本的观点来考察物流绩效。这样做的好处在于：在以单个物流活动为基础进行的成本—效益分析时，认为是不合理的物流决策，但从总成本的角度出发时，却是可行的。例如，在使用航空运输时，运输成本很高，但是使用航空发送可以加快运输速度，增强商品的可得性，从而减少仓库和库存费用，最后高运输成本的航空运输将会由于较低的总成本而被视为是合理的。这个例子揭示了配送活动各功能成本的互换性，即存在“效益背反”定律。它也说明了通过精心策划配送中心的物流活动，虽然某些具体的配送功能可能因此而增加成本，但可以降低总成本。所以在判断一项决策的可行性时，要从物流总成本角度考虑。

（1）配送活动各环节之间存在“效益背反”关系

配送活动的各个环节，在大多数场合下都处于“效益背反”状态，所以在对配送活动进行成本管理时必须把相关成本拿到同一场所用“总成本”来评价其损益，从而实现整体配送活动的合理化。例如，减少仓库数量及各仓库的库存量，库存保管费将降低，但同时也会导致配送距离变长，运输费用增加。这个方案是否可行取决于总成本的变化。如果运输费的增加超过保管费的降低部分，总成本增加，方案不可行；如果运输费的增加未超过保管费的降低部分，总成本降低，这个方案就可行。

（2）配送成本和配送服务之间存在“效益背反”关系

以前，人们认为只有降低配送成本才能增加企业效益，现在，人们已经发现配送还可以作为一种战略工具，为企业带来竞争优势，所以不能简单地减少配送费用，要考虑到配送成本与服务之间的关系，在有些情况下，为了更好地占领市场，还要加大配送投入。

一般而言，提高配送服务，配送成本就会上升，成本与服务之间受“收益递减法则”的支配，当配送服务处于较低水平时，增加成本，配送服务就会有明显改善，但是当配送服务处于较高水平时，增加成本，配送服务改善就不明显。所以当企业已经处于高水平的配送服务时，由于配送服务水平不能按成本增加比例相应地提高，企业如果要超过处于竞争状态的其他企业，要维持更高水平的配送服务就需要有更多投入，企业在做出决定时一定要慎重。

一般情况下，配送服务和成本之间的关系有以下四种：

1）配送服务不变，降低配送成本。不改变配送服务水平，通过优化配送系统来降低配送成本，这是一种尽量降低成本来维持一定服务水平的办法。

2）在配送成本不变的前提下，提高服务水平。这是一种追求效益的办法，也是一种有效利用配送成本性能的办法。

3）为提高配送服务，不惜增加配送成本。这是许多配送中心提高配送服务水平的做法，是企业在服务特定客户或面临特定竞争时，所采用的具有战略意义的做法。

4）用较低的配送成本，实现较高的配送服务。这是增加销售、增加效益，具有战略意义的方法。

基于配送成本和配送服务之间的这四种关系，企业在决策中究竟应如何做出选择和取舍呢？下面先举一个这方面的例子。日本家用电器行业在第一次石油危机以前的高速增长时期，每天向销售店配送 2～3 次货物，这接近“不管什么时候，都马上送达”这种相当高的服务水平。可是，石油危机后，由于燃料价格高涨，原来的这种高水平服务无法继续进行下去。于是在征得销售店同意后，改为每天送货一次。结果，配送卡车装载率从过去的 50％左右一举增至 80％以上，从而使配送费用下降近 30％。仅服务水平这一点点改变，就引起了配送效率的巨大变化。从这一点看，企业在决定配送服务水平时必须慎重。

在服务和成本之间，首先应该肯定服务是第一位的，是前提条件。因为就物流配送的职能来讲，就是要提供满足购销活动所需要的服务。使服务达到一定水平，这是配送管理的第一使命。与此同时，以尽可能低的配送成本达到这种服务水平，则是配送管理的第二使命。所以“首先是服务，其次是成本”。企业在进行配送成本管理时，一定要处理好配送成本和配送服务之间的关系。

二、配送成本的控制

1. 配送成本控制的含义

配送成本控制即运用一定的方法对配送过程中构成配送成本的一切耗费，进行科学严格的计算、控制和监督，将各项实际耗费限制在预先确定的预算、计划或标准的范围内，并通过分析实际脱离计划或标准的原因，积极采取对策，以实现全面降低配送成本目标的一种管理工作。

2. 配送成本控制的程序

（1）制定物流配送成本标准

成本控制标准或计划是控制成本费用的重要依据，是配送成本控制的准绳，所以配送成本控制的第一步就是制定成本控制标准。配送成本标准首先包括配送成本预算中规定的各项指标，但配送成本预算中的一些指标都比较综合，还不能满足具体控制的要求，这就必须规定一系列具体的标准。确定这些标准的方法大致有以下三种：

1）计划指标分解法。即将大指标分解为小指标。分解时，可以按部门、单位分解，也可以按功能分解。例如将配送总成本指标分解为物品流通费、信息流通费和配送管理费等具体指标。

2）预算法。就是用制定预算的办法来制定控制标准。有的企业基本上是根据年度的生产销售计划来制定费用开支预算，并将其作为配送成本控制的标准。采用这种方法特别要注意从实际出发来制定预算。

3）定额法。就是建立起定额和费用开支限额，并将这些定额和限额作为控制标准来进行控制。在企业里，凡是能建立定额的地方，都应把定额建立起来。实行定额控制的办法有利于配送成本控制的具体化和经常化。

（2）监督配送成本的形成

根据控制标准，对配送成本形成的各个项目，经常地进行检查、评比和监督。不仅要检查指标本身的执行情况，而且要检查和监督影响指标的各项条件，如设备、工作环境等。所以，配送成本日常控制要与生产作业控制结合起来进行。

日常控制不仅要由专人负责和监督，而且要使费用发生的执行者实行自我控制。这些应当在责任制中加以规定，这样才能调动全体职工的积极性和主动性，使配送成本的日常控制有广泛的群众基础。

（3）即时纠正偏差

针对配送成本差异发生的原因，查明责任者，分清情况和轻重缓急，提出改进措施，加以贯彻执行。对于重大差异项目的纠正，一般采用下列程序：

1）提出课题。从各种配送成本超支的原因中提出降低配送成本的课题。这些课题首先应当是那些配送成本降低潜力大、各方关心、可能实行的项目。提出课题的要求，包括课题的目的、内容、理由、根据和预期达到的经济效益等。

2）讨论和决策。课题选定以后，应发动有关部门和人员进行广泛的研究和讨论。对重大课题，可能要提出多种解决方案，然后进行各种方案的对比分析，从中选出最优方案。

3）确定方案实施的方法步骤及负责执行的部门和人员，做到方法明确、责任到人，使偏差及时得到纠正。

4）贯彻执行确定的方案。在执行过程中也要及时加以监督检查。方案实现以后，还要检查方案实现后的经济效益，衡量是否达到了预期的目标。

对配送成本的控制过程就是在满足一定的客户服务水平与配送成本之间寻求平衡：在一定的配送成本下尽量提高客户服务水平，或在一定的客户服务水平下使配送成本最小。

三、配送成本控制方案

1. 合理选择配送策略

（1）混合策略

混合策略是指配送业务一部分由企业自身完成，另一部分则外包给第三方物流来完成。这种策略的基本思想是：尽管采用纯策略（即配送活动要么全部由企业自身完成，要么完全外包给第三方物流完成）容易形成一定的规模经济，并使管理简化，但由于产品品种多变、规格不一、销量不等等情况，采用纯策略的配送方式超出一定程度不仅不能取得规模效益，反而还会造成规模不经济。而采用混合策略，合理安排企业自身完成配送和外包给第三方物流企业完成配送，能使配送成本最低。例如，美国一家干货生产企业为满足全美 1 000 家连锁店的配送需要，建造了 6 座仓库，并拥有自己的车队。随着经营的发展，企业决定扩大配送系统，计划在芝加哥投资 700 万美元再建一座新仓库，并配以新型的物料处理系统。该计划提交董事会讨论时，却发现这样不仅成本较高，而且就算仓库建起来也还是满足不了需要。于是企业把目光投向租赁公共仓库。结果发现，如果企业在附近租用公共仓库，增加一些必要的设备，再加上原有的仓储设施，企业所需的仓储空间就足够了，但总投资只需 20 万美元的设备购置费，10 万美元的外包运费，即使再加上租金，也比 700 万美元低很多。

(2) 差异化策略

差异化策略的指导思想是产品特征不同，客户服务水平也不同。当企业拥有多种产品线时，不能对所有产品都按同一标准的客户服务水平来配送，而应按产品的特点、销售水平设置不同的库存、运输方式及储存地点，忽视产品的差异性会增加不必要的配送成本。例如，一家生产化学品添加剂的公司，为降低成本，按各种产品的销售量比例进行分类：A 产品的销售量占总销售量的 70%以上，B 产品占 20%左右，C 产品则为 10%左右。对 A 类产品，公司在各销售网点都备有库存，B 类产品只在地区分销中心备有库存而在各销售网点不备有库存，C 类产品连地区分销中心都不设库存，仅在工厂的仓库才有存货。经过一段时间运行，事实证明这种方法是成功的，企业总的配送成本下降了 20%。

(3) 合并策略

共同配送是一种产权层次上的共享，也称集中协作配送。它是几家企业联合小量为大量共同利用同一配送设施的配送方式。其标准运作形式是：在中心机构的统一指挥和调度下，各配送主体以经营活动（或以资产为纽带）联合行动，在较大的地域内协调运作，共同对某一个或某几个客户提供系列化的配送服务。这种配送有两种情况：第一种是中小生产、零售企业之间分工合作实行共同配送，即同一行业或在同一地区的中小型生产、零售企业单独进行配送的运输量少、效率低的情况下进行联合配送，不仅可以减少企业的配送费用，配送能力得到互补，而且有利于缓解城市交通的拥堵状况，提高配送车辆的利用率；第二种是几个中小型配送中心之间的联合，针对某一地区的用户，由于各配送中心所配货物数量少、车辆利用率低等原因，几个配送中心将用户所需货物集中起来共同配送，以节省成本费用。

(4) 延迟策略

传统的配送计划安排中，大多数的库存是按照对未来市场需求的预测量设置的，这样就存在着预测风险，当预测量和实际需求量不符时，就出现库存过多或过少的情况，从而增加配送成本。延迟策略的基本思想就是对产品的外观、形状及其生产、组装、配送应尽可能推迟到接到客户订单后再确定。一旦接到订单就要快速反应，因此采用延迟策略的一个基本前提是信息传递要非常快。一般说来，实施延迟策略的产品应具备以下几个基本条件：

1) 产品特征。模块化程度高，产品价值密度大，有特定的外形，产品特征易于表述，定制后可改变产品的容积或质量。

2) 生产技术特性。模块化产品设计，设备智能化程度高，定制工艺与基本工艺差别不大。

3) 市场特征。产品生命周期短，销售波动性大，价格竞争激烈，市场变化大，产品的提前期短。

实施延迟策略常采用两种方式：生产延迟和物流延迟。配送中心往往有加工活动，所以实施配送延迟策略既可以采用生产延迟方式，也可以采用物流延迟方式。具体操作时，常常发生在诸如贴标签（生产延迟）、包装（生产延迟）、装配（生产延迟）和发送（物流延迟）等领域。例如：美国一家生产金枪鱼罐头的企业就通过采用延迟策略改变配送方式，降低了库存水平。历史上这家企业为提高市场占有率曾针对不同的市场设计了几种标签，产品生产出来后运到各地的分销仓库储存起来。由于客户偏好不一，几种品牌的同一产品经常出现某种品牌畅销缺货，而另一些品牌却滞销压仓。为解决这个问题，该企业改变以往的做法，在产品出厂时都不贴标签就运到各分销中心储存，当接到各销售网点的具体订货要求后，才按照各网点指定的品牌标志贴上相应的标签，这样就有效地解决了此消彼长的矛盾，从而降低了库存。

（5）标准化策略

标准化策略就是尽量减少因品种多变而导致的附加配送成本，尽可能多地采用标准零部件、模块化产品。如服装制造商按统一规格生产服装，直到客户购买时才按客户的身材调整尺寸大小。采用标准化策略要求厂家从产品设计开始就要站在消费者的立场考虑怎样节省配送成本，而不要等到产品定型生产出来以后才考虑采用什么技巧降低配送成本。

2. 利用标准成本法控制配送成本

（1）制定控制标准

成本控制标准是控制成本费用的重要依据，物流配送的成本标准的制定，应按实际的配送环节分项制定。不同的配送环节，其成本项目是不同的。物流配送流通加工等环节的标准成本的制定，应按配送的实际环节进行制定。在进行标准成本制定过程中要充分考虑各环节的实际情况。配送作业的成本控制标准和业务数量标准通常由技术部门研究确定；费用标准由财务部门和有关责任部门研究确定，同时尽可能吸收负责执行标准的一线职工参加各项标准的制定，从而使所制定的标准符合实际配送活动的要求。

（2）揭示成本差异

成本的控制标准制定后要与实际费用比较，及时揭示成本差异。差异的计算与分析也要与所制定的成本项目进行比较。

（3）成本信息反馈

成本控制中，成本差异的情况要及时反馈到有关部门，以便及时控制与纠正。

配送各环节的成本控制应该在控制配送总成本的基础上分项控制，由于各环节的成本差异很大，在选用成本控制标准时应遵循合适的原则，对不同的环节采用不同的控制标准。例如：配送流通加工环节、分拣环节、配装环节等由于运作具有常规性，可以采用标准成本控制制度；对配送运输环节根据其特点可以采用计划成本控制制度等。对运输环节采用计划成本控制制度的原因是：运输环节的作业主要依靠汽车、轮船进行，运输费用容易受驾驶水平、道路条件、车船性能的影响，不确定性因素很多。所以，对配送运输成本的控制应采用计划成本控制制度。对配送运输成本应建立定额管理制度，事先制定技术经济定额如行车燃料消耗定额、轮胎使用胎千米定额、大修和各级保养间隔里程定额及各种配件材料消耗定额和车辆保修费定额与工时定额等，这些定额就是运输成本计划管理的依据。

第四节　配送成本优化

配送成本管理的目的是实现配送成本合理化或优化，以达到较低的配送成本和较高的配送服务之间的最佳搭配。而要实现配送成本优化，首先必须找出导致配送成本不合理的原因。

一、导致配送成本不合理的原因

1. 配送计划性不强，设计不合理

配送活动要求非常高的管理水平来进行系统的统筹规划，把方方面面的工作设计得科学、合理、完善。在实际工作中，配送缺乏计划性、配送路线设计不合理、车辆配载设计不合理，都会造成成本过高。例如，在配送活动中，临时配送、紧急配送或无计划的随时配送等情况由于降低了配送车辆的使用效率，从而大幅度地增加了配送成本。

2. 配送设备落后，分拣效率低下

在配送活动中，分拣、配货等工作要占全部劳动的60%，而且容易发生错误。这些工作如果没有先进的分拣设备，单纯依靠手工操作的话，将会造成效率低下，出错率高，从而导致配送成本提高，服务水平下降，企业信誉降低。

3. 配送资源筹措不合理

配送是通过集中筹措资源的规模效益来降低资源筹措成本，使配送资源筹措成本低于客户自己筹措资源的成本，从而取得优势。配送中心如果不是集中多个客户的同类需要进行批量资源筹措，而仅仅是为个别用户代购代筹，客户要多支付代办费，配送中心也加大了配送成本。另外，进货量计划不准确，进货时不考虑建立与商品供应者之间的长期稳定关系也是资源筹措不合理的表现。

4. 库存决策不合理

配送应实现集中库存总量低于各客户分散库存总量，从而降低客户平均分摊的库存成本。如果库存决策不合理，库存量过大，库存成本会增加；如果库存量过少，将会给客户造成缺货损失，影响配送中心的服务水平。

5. 配送价格不合理

一般配送的价格会低于客户自己进货时购买价格加上提货、运输、进货的成本总和，这样才会使客户有利可图。如果配送价格普遍高于客户自己的进货价格，损伤了客户利益，就是一种不合理表现；如果价格过低，使企业在无利或亏损状态下进行，也是不合理的。

6. 配送价格和配送服务水平的关系处理不当

由于配送成本和配送服务水平之间存在着效益背反关系，如果配送中心不考虑客户的承受水平，一味提高服务水平，也会导致配送成本过高，客户转而寻找其他的合作伙伴。

7. 定额或标准成本制定不合理，对职工没有激励性

在实务经验上，对配送人员的有效激励往往比管理控制更重要。如果作为控制配送成本标准的定额或标准成本制定不合理，超过职工努力能够达到的程度，职工努力积极性将会降低，激励机制起不到应有的作用。

8. 配送成本管理不到位

实际配送成本和定额或标准成本的差异在计算出来以后，管理人员要督促落实，以切实降低成本。如果管理松懈，处罚或奖励措施执行不力，也会导致配送成本长期降不下来。

分析出导致配送成本不合理的因素后，企业在优化配送成本管理时，要结合自身的经济实力和经营状况，有选择地采取相应措施。

二、配送成本优化的途径

1. 恰当设置配送中心

配送中心的数量及地理位置是决定配送能否取得高效益的前提条件。配送路线的选择、

直送或配送的决定都是在配送中心数量、位置已确定的前提下做出的。如果配送中心设置过多，将会造成设备、设施闲置，浪费资金；如果配送中心选址不合理，将会造成运输费用的增加。所以恰当设置配送中心是配送成本优化的前提条件。

2. 加强配送计划性

为了加强配送的计划性，企业应建立客户的配送计划申报制度，在实践中针对商品的特性制订不同的配送计划和配送制度。

3. 确定合理的配送路线

采用科学的方法确定合理的配送路线，可以有效提高配送效率，降低配送费用。确定配送路线的方法很多，既可以采用方案评价法进行定性分析，也可以采用数学模型进行定量分析。无论采用何种方法，都必须考虑以下条件：

（1）满足所有客户对商品品种、规格和数量的要求。

（2）满足所有客户对货物发到时间的要求。

（3）在交通管理部门允许通行的时间内送货。

（4）各配送路线的商品量不得超过车辆容积及载重量。

（5）在配送中心现有运力及可支配运力的范围之内配送。

4. 进行合理的车辆配载

各客户的要求不同，订货也就不大一致，一次配送的货物可能有多个品种。这些商品不仅包装形态、储运性质不一，而且密度差别很大。密度大的商品往往达到车辆的载重量，但体积空余很大，密度小的商品虽然达到车辆的最大体积，但达不到载重量。实行轻重配装，既能使车辆满载，又能充分利用车辆的有效体积，大大降低运输费用。

5. 量力而行建立计算机管理系统

如果在配送活动中建立计算机管理系统，应用条形码技术，就可以使拣货变得快速、准确；配货变得简单、高效，从而提高生产效率，节省劳动力，降低物流费用，体现出集中配送的优越性。

6. 处理好配送成本和配送服务之间的关系

配送中心要根据自身条件在满足一定的客户服务水平与配送成本之间寻求平衡，力争在实现配送成本优化的同时，配送服务水平保持不变或有所提高。处理两者之间的关系，企业可以采用混合配送策略、差异化配送策略、合并配送策略、延迟配送策略和标准化策略等。

7. 加强配送成本核算和管理

企业应该对配送成本核算引起足够的重视，从而在核算结果基础上加强配送成本管理。在管理过程中可以建立配送成本责任中心，具体负责相关成本的控制，并对各个责任中心实行绩效管理，奖罚分明，促进配送费用的节约，达到配送成本的优化。

思考与练习

1. 什么是配送成本？配送成本有哪些特点？

2. 配送成本有哪几种分类？

3. 从支付形态的角度分析，配送成本是如何构成的？

4. 配送成本核算的程序是什么?

5. 配送成本分析的指标有哪些?

6. 配送服务与成本之间关系的具体表现是什么?

7. 什么是配送成本控制，其程序是怎样的?

8. 有哪些使配送成本得以降低的配送策略? 试分析各种策略的内涵。

9. 导致配送成本不合理的原因有哪些?

10. 想一想实行共同配送以降低配送成本的方法，在当前的情况下是否可行? 需要解决哪些问题?

第八章

物流包装成本管理

第一节 包装成本核算

包装是指为在流通过程中保护商品、方便运输、促进销售，按照一定技术方法而采用的容器、材料及辅助物等的总体名称。简而言之，包装是包装物和包装操作活动的总称。

一、包装成本的构成

包装成本一般由以下几个方面构成：

1. 包装材料费用

各类物资在实施包装过程中耗费在材料支出上的费用称为包装材料费用。常见的包装材料有金属包装材料、玻璃包装材料、木材包装材料、纸质包装材料、塑料包装材料、复合包装材料等，由于包装材料组成和功能的差异，其成本相差也很大。

2. 包装机械费用

包装过程中使用机械作业可以极大地提高包装作业的劳动生产率，同时可以大幅度提高包装水平。使用包装机械（或工具）就会发生购置费用和日常维护保养、折旧费用等，这些费用统称为包装机械费用。常见的包装机械有填充包装机械、裹包捆扎机械、热成型包装机械等，由于包装机械的功能和应用的差异，其机械种类较多，价格各异。

3. 包装技术费用

为了使包装的功能能够充分发挥作用，达到最佳的包装效果，包装时，需采用一定的技术措施，例如实施缓冲包装、防潮包装、防霉包装等。这些技术的设计、实施所支出的费用称为包装技术费用。

4. 包装辅助费用

除了上述主要费用以外，企业包装管理中有时还会发生一些其他辅助费用，主要是指包装标记、标识的设计费用、印刷费用，辅助材料费用，赠品费，拴挂物费用的支出及相关的能源消耗费用等。

5. 包装人工费用

在实施包装过程中，必须由工人或专业作业人员进行操作。包装人工费用就是指支付给所有包装工人或专业作业人员的计时工资、计件工资、奖金、津贴和补贴等各项费用的总和。

二、包装材料费用的核算

1. 购入材料成本的确定

企业的包装材料除少数自制外，大多来自外购。外购包装材料的采购成本包括买价、运杂费（包括运输费、装卸费、保险费、包装费、仓储费等）、运输途中的合理损耗、入库前的挑选整理费用（包括挑选整理中发生的工费支出和必要的损耗，并扣除回收的下脚废料价值）、购入材料应负担的税金和其他费用等。

小规模纳税人和购入包装材料不能取得增值税专用发票的单位，购入材料时支付的增值税，即如所购物资的成本。

以上第 1 项应直接计入各种材料的采购成本，第 2 项、第 3 项、第 4 项、第 5 项，凡能分清归属对象的，可以直接计入各种材料的采购成本；不能分清的，应按以下比例分摊计入各种材料的采购成本：按材料的质量，按材料的买价，按材料的体积。

【例 8—1】11 月 18 日，红旗工厂向新华公司购入下列两种包装材料：甲材料 1 000 千克，每千克 79 元，共计 79 000 元；乙材料 400 千克，每千克 49 元，共计 19 600 元。两种材料的法定增值税税率均为 17%，应支付的增值税为 16 762 元。红旗工厂和新华公司均为增值税一般纳税人，并按规定取得和开具增值税专用发票。另发生共同运杂费 2 800 元。价款、增值税、运杂费均以银行存款支付。运杂费按材料的质量比例分摊。计算甲、乙两种材料的采购成本。

解：甲、乙两种材料的采购成本计算步骤如下：

（1）计算运杂费分配率

$$
\begin{aligned}
\text{分配率} &= \frac{\text{应分配的运杂费}}{\text{甲材料质量}+\text{乙材料质量}} \\
&= \frac{2\ 800}{1\ 000+400} \\
&= 2\ \text{元/千克}
\end{aligned}
$$

（2）计算运杂费

甲材料应负担的运杂费：1 000×2＝2 000 元

乙材料应负担的运杂费：400×2＝800 元

（3）计算各种材料的采购成本

甲材料的采购成本：79 000＋2 000＝81 000 元

乙材料的采购成本：19 600＋800＝20 400 元

2. 发出材料成本的确定

企业在不同时期购买的材料、不同批次的材料，其单价往往不同。因此，材料发出成本的计算就可以根据单位的不同需要采用不同的方法。

（1）全月一次加权平均法

全月一次加权平均法是以账面月初的结存材料金额与本月购买入库的材料金额之和，除以月初结存的数量与本月购买入库的材料数量之和，计算出每种材料的平均单价，从而计算出本月材料的发出成本的计算方法。计算公式如下：

$$
\text{月末材料的加权平均单价} = \frac{\text{月初结存材料金额}+\text{本月入库材料金额}}{\text{月初结存材料数量}+\text{本月入库材料数量}}
$$

本月发出材料成本＝本月材料的发出数量×月末材料的平均单价

该种方法每月月末计算一次，适用于各期的材料成本变化不大的企业采用。

（2）移动加权平均法

移动加权平均法是以原结存材料金额与本批入库材料金额之和，除以原结存材料数量与本批入库材料数量之和，计算出材料的平均单价。材料新入库一批，就要计算出加权平均单价。计算公式如下：

$$\text{移动加权平均单价}=\frac{\text{原结存材料金额}+\text{本批入库材料金额}}{\text{原结存材料数量}+\text{本批入库材料数量}}$$

采用这种核算方法，便于对材料的日常管理，但日常的核算工作量较大。

（3）先进先出法

先进先出法是假定先入库的材料先发出为前提，每次材料发出的单价，都按账面上最先购入的那批材料的实际单价计算。采用这种方法要求分清所购每批材料的数量和单价。发出材料时，要随时结出发出和结存材料的数量和金额。

采用这种方法核算，当物价上涨时，会高估企业的当期利润和库存材料价值；物价持续下跌时，又会导致低估企业的当期利润和库存材料价值。

（4）后进先出法

与先进先出法相反，后进先出法是假定最后购入的材料最先发出为前提，每次材料发出的单价都按账面上最后购入的那批材料的单价作为计算单价。采用这种方法也要求分清所购每批材料的数量和单价。发出材料时，要随时结出发出和结存材料的数量和金额。

采用这种方法计算出来的发出材料成本比较接近现行成本，物价持续上涨时，会使企业高估成本，低估利润，这种做法比较符合谨慎性原则。

三、包装机械费用的计算

包装机械费用主要是包装机械的折旧费和维修费。

1. 包装机械的折旧费

包装机械的折旧费是指包装机械在使用过程中，随着磨损而逐渐转移到包装成本当中去的那部分价值。折旧费的影响因素有：包装机械的原值、折旧年限、净残值、计提折旧的起止时间、折旧方法等。企业应当根据固定资产的性质和消耗方式，合理地预计固定资产的使用年限、预计净残值和恰当地选择折旧方法。折旧的计提可以采用平均年限法、工作量法、年数总和法、双倍余额递减法等。折旧方法一经确定，不得随意变更。如需变更，应在会计报表附注中予以说明。企业应当按月计提折旧，当月增加的固定资产，当月不提折旧，从下月起计提折旧；当月减少的固定资产，当月照提折旧，从下月起不提折旧。固定资产提足折旧后，不管是否继续使用，均不再计提折旧；提前报废的固定资产，也不再补提折旧。应提的折旧总额为固定资产原价减去预计残值加上预计清理费用。

2. 包装机械的维修费

包装机械的维修费是指包装机械在使用过程中发生局部损坏，进行补偿性修理时所发生的支出，可以分为大修理和中小修理。对于大修理费用由于支出金额往往较大，应分期计入包装成本；中小修理费用直接计入当期包装成本。

四、包装技术费用的计算

包装技术费用包括包装技术设计费用和包装技术实施费用。

1. 包装技术设计费用

包装技术设计费用是指在包装技术的设计过程中所发生的与设计包装技术有关的一切费用，主要包括设计人员人工费、设计用材料或成品、与设计有关的其他支出等。

（1）设计人员人工费

设计人员人工费包括设计人员的工资、奖金、津贴、补贴、加班加点工资及特殊情况下支付的工资。设计人员工资根据实际参加设计人数、考勤记录、工资水平计算。

（2）设计用材料或成品费

设计用材料或成品费是指为包装技术设计过程中领用的材料成本，设计用材料或成本与企业当期领用的包装材料成本相同。

（3）其他与设计有关的费用

其他与设计有关的费用以实际支出额计入设计费用。

2. 包装技术实施费用

包装技术实施费用包括包装技术实施过程中所发生的内包装材料费和与之有关的其他费用。

（1）内包装材料费

内包装材料费以企业在实施内包装过程中实际领用所发生的材料的实际成本计算。常见的内包装材料有塑料泡沫、干燥纸、防潮纸、充气塑料等。为减少企业在日常工作中核算的工作量，企业可以平常采用计划成本核算，到了期末调整为实际成本即可。

（2）与之相关的其他费用

与之相关的其他费用是指为实施包装技术而发生的不属于包装材料费的其他费用，如控制温度的电费、水费。其他费用根据实际耗用的水、电的数量和实际单价计算计入成本。

五、包装辅助费用的计算

包装标记、标识的设计印刷费用，按实际发生的支出计算；辅助材料费用按领用的实际成本计算；悬挂物、赠品费按企业自制或取得时的实际成本计入包装成本。

六、包装人工费用的计算

计算包装人工费用时，必须有相关的原始凭证，如考勤记录、工时量记录、工作量记录等，财务部门根据单位劳动人事部门的劳动合同和工资标准、工资项目等计算每个包装工人及相关人员的工资总额。包装人工费用根据工资和福利费分配表中有关的部分计入包装成本。

通过以上五个方面的计算，加以汇总后就是包装总成本。如果需要，还可以引入数量因素，进一步计算单位包装成本。

第二节　包装成本分析与优化

在生产和流通的过程中，包装处于生产过程的终点和物流活动的起点，对包装成本进行分析和优化，对有效控制物流成本具有较深的影响。

一、包装成本分析的依据

1. 包装材料的标准成本

包装材料的标准成本包括包装材料的数量标准和价格标准两个方面。用公式表示为：

某种包装材料的标准成本＝包装单位产品所需的数量标准×该种材料的价格标准

（1）标准用量

确定包装单位产品所耗用的材料数量，可根据相关的技术文件进行研究，并以过去的经验为根据科学地制定其标准。在对过去的记录进行分析时，可选择耗用的材料的平均数作为标准。

（2）标准价格

可以采用现行或预期价格标准，也可以采用正常价格标准。前者是最合乎需要和有效的标准，后者往往是材料的统计或平均价格标准。

2. 包装人工费用标准成本

直接人工标准成本包括直接人工用量标准和直接人工价格标准两方面。直接人工用量标准即直接人工标准工时。直接人工价格标准即直接人工标准分配率。用公式表示为：

包装人工费用标准成本＝包装单位产品耗用的标准工时×工时标准工资率

在制定直接人工标准成本时，首先要对产品的包装过程加以研究，研究有哪些工艺，其次要对企业的工资形式、制度进行研究，以便结合实际情况来制定标准。

标准工时是指在现有生产技术条件下，包装单位产品所必须消耗的时间，包括直接包装所用工时、必要的间歇和停工时间等，另外还要考虑机器设备的故障及劳动组织工作等因素。

标准工资率是指按单位产品或单位标准工时支付的直接人工的工资，一般按现行的工资制度规定的工资水平计算确定。计件工资制就是单位产品应支付的计件工资额，计时工资就是单位标准工时应分配的工资额。

3. 包装机械费用的标准成本

包装机械费的标准成本包括包装单位产品所需的标准工时和标准分配率两个方面。用公式表示为：

包装机械标准成本＝包装单位产品人工工时×机械费用标准分配率

标准工时可采用包装人工工时，标准分配率是根据事先制定的包装机械预算费用计算确定的。

机械费用标准分配率＝包装机械费用预算额/包装人工标准总工时

例如某公司制定的包装机械费用标准成本，见表8—2—1。

表8—2—1　某公司制定的包装机械费用标准成本

标准	成本
折旧费（元）	4 000
维修费（元）	1 000
包装机械费用预算额（元）	5 000
标准人工总工时（小时）	2 000
机械费用分配率（元/小时）	2.5
包装单位产品人工工时标准（小时）	0.5
包装机械费标准成本（元）	1.25

4. 包装技术费用的标准成本

包装技术费用的标准成本既包括固定费用的标准成本，也包括变动费用的标准成本。

（1）固定费用的标准成本

固定费用的标准成本计算公式如下：

单位产品固定费用标准成本＝单位产品人工的标准工时×固定费用标准分配率

固定费用标准分配率＝固定费用预算总额/人工标准总工时

首先计算确定固定费用的单位工时标准分配率，然后乘以预计的单位产品直接人工标准工时，即可求得单位产品的固定费用标准成本。

（2）变动费用的标准成本

变动费用的标准成本计算公式如下：

变动费用标准成本＝单位产品的人工标准工时×变动费用标准分配率

变动费用标准分配率＝变动费用预算/人工总工时

上式中，单位产品的人工标准工时是用量标准，变动费用标准分配率是价格标准。

二、包装成本的分析

因为包装成本中的包装材料费用、包装人工费用、包装机械费用、包装技术费用各个项目的标准成本都是由标准用量和标准价格两个因素决定的，所以进行包装成本分析时，就应该从实际数量脱离标准数量所造成的数量差异和实际价格脱离标准价格所造成的价格差异两方面着手。用公式表示为：

数量差异＝标准单价×(实际用量－标准用量)

价格差异＝实际用量×(实际单价－标准单价)

成本差异＝实际成本－标准成本

＝数量差异＋用量差异

1. 包装材料成本差异的分析

包装材料成本差异就是包装材料实际成本与标准成本之间的差额。如上所述，形成包装材料成本差异的原因有两个：一是数量差异（简称量差）；二是价格差异（简称价差）。

材料数量差异＝材料标准单价×(材料实际用量－材料标准用量)

材料价格差异＝材料实际用量×(材料实际单价－材料标准单价)

【例8—2】假设某企业2013年1月包装甲产品100件，实际耗用A材料11千克/件，A材料实际单价为48元/千克。包装直接材料的单位产品用量标准是10千克/件，每千克材料的价格标准是50元/千克。要求：计算A材料的成本差异。

解：

A材料成本差异＝100×11×48－100×10×50

＝2 800元

进一步分析计算得：

A材料用量差异＝50×(100×11－100×10)

＝5 000元

A材料价格差异＝(48－50)×11×100

＝－2 200元

显然：

A 材料成本差异＝A 材料用量差异＋A 材料价格差异

＝5 000＋(－2 200) ＝2 800 元

影响包装直接材料消耗数量的因素是多种多样的，如工人的技术熟练程度和责任感；包装设备的完好程度；包装质量控制制度；材料的质量和规格；材料的安全保管工作等。一般来说，包装生产中的直接材料用量差异应由生产部门负责，但有时也可能是采购部门的工作引起的，如采购部门以较低的价格购进了质量较差的材料，既不能完全适合原定的需要，也会引起耗用量的增长，由此造成的直接材料用量差异，就应该由采购部门负责。

影响包装直接材料价格变动的因素也是多方面的，如市场环境、价格变动状况、材料采购方式、运费、批量和运输方式及材料供应者的选择等。只要其中任何一个因素脱离了制定标准成本时的预定要求，都会造成价格差异。所以对价格的变动原因，还需进一步具体分析。既有可能是采购工作造成的，也可能是包装生产过程中造成的，如对某项材料进行小批量的紧急订货，并由陆运方式改为空运，因此造成的价格差异，就应该由包装生产部门负责。

2. 包装人工成本差异的分析

包装人工成本差异，是指实际产量下包装人工实际总成本与标准总成本的差额。也可分为“量差”和“价差”两部分。量差，又称人工效率差异，是指按照直接人工标准工资率计算的实际使用工时脱离实际产量标准工时而造成的人工成本差异。价差，又称工资率差异，是指按实际工时计算的，实际工资率脱离标准工资率而形成的差异。

(1) 包装人工成本差异的计算

包装人工成本差异的计算公式是：

包装人工成本差异＝实际产量包装人工实际成本－实际产量直接人工标准成本

＝人工效率差异＋工资率差异

其中：

人工效率差异＝直接人工标准工资率×(实际产量实际工时－实际产量标准工时)

工资率差异＝实际产量实际工时×(实际工资率－标准工资率)

【例 8—3】假设某企业 2013 年 1 月包装甲产品 100 件，实际工时用量为 20 500 小时，实际工资分配率为 1.4 元/小时；包装单位产品标准工时用量为 200 人工小时/件，每小时标准工资为 1.5 元/小时。要求：计算包装人工成本差异。

解：

人工成本差异＝20 500×1.4－100×200×1.5

＝－1 300 元

其中：

人工工资率差异＝(1.4－1.5) ×20 500

＝－2 050 元

人工效率差异＝ 1.5×(20 500－100×200)

＝750 元

故：

人工成本差异＝人工效率差异＋人工工资率差异

＝－2 050＋750＝－1 300元

（2）包装人工成本差异分析

人工工资率通常较少变动，其主要影响原因是工人工资结构和工资水平变动，如将技术熟练、工资级别较高的工人安排在不需要高技术的工作岗位上，就会出现工资率差异。

影响人工工时用量差异的因素包括工人的劳动生产率、加工设备的完好程度、动力供应情况、材料半成品供应保证程度和材质规格等。如果是由于生产部门安排不周，把技术不熟练的工人安排去做复杂的工作，必然会造成实际工时超过标准工时，这应由生产部门负责；但如果由于采购了不适用的材料，加工时花了较多的工时，或由于生产工艺过程的改变，需延长或缩短加工时间等，这些都不是生产部门所能控制的因素，应由其他有关部门承担责任。

3. 包装机械费用成本差异分析

包装机械费用成本差异，是指实际包装费用与标准包装费用的差额。包装机械费用与企业包装业务量的大小无直接关系，进行差异分析时不需要考虑包装量的变化。包装机械费用可以分为能量差异和预算差异两部分。

（1）能量差异

能量差异是指包装机械费用预算与包装机械费用标准成本的差额，反映未能充分利用现有包装能力而造成的损失。即按固定费用标准分配率计算的生产能量与实际产量标准工时之间的差额。用公式表示为：

能量差异＝包装费用预算金额－包装机械费用标准成本

＝固定费用标准分配率×（生产能量－实际产量标准工时）

＝固定费用标准分配率×生产能量－固定费用标准分配率×实际产量标准工时

（2）预算差异

预算差异是指包装机械费用实际发生数与包装费用预算金额的差额。预算差异又称为耗费差异。用公式表示为：

预算差异＝包装机械费用实际发生数－包装机械费用预算金额

【例8—4】假设某企业2013年1月包装甲产品100件，实际工时20 500小时，预算产量110件，包装机械费用预算总额为17 600元，包装机械费用实际支出额17 000元。包装机械费用标准分配率为0.8元/小时，包装单位产品的标准工时用量为200台时/件，则包装单位产品的标准包装机械费用为160元/件。要求：分析计算包装机械费用成本差异。

解：

包装机械费用成本差异＝17 000－100×160

＝1 000元

其中：

包装机械费用能量差异＝0.8×(110×200－100×200)

＝1 600元

包装机械费用预算差异＝17 000－110×200×0.8

＝－600元

三、包装成本优化

由于包装成本占物流企业成本的30%左右，因此加强包装成本费用的管理，对于物流企业来说具有十分重要的意义。物流企业为加强包装成本费用的管理，优化包装成本可以从以下几个方面进行：

1. 选择包装材料时，进行成本效益分析

包装材料占包装成本的比例最大。在选择包装材料时，如果有多种材料可以选择，在效果相同的情况下，应按照成本效益原则，选择价格较低的材料。在保证包装质量的基础上，使用低价、轻薄的材料，以降低包装成本。

2. 有区别地设计包装形态

包装设计对包装成本的大小起着决定作用，在包装设计时应考虑以下因素：

（1）产品设计

从产品设计初期就考虑产品的包装要求对包装成本的影响。尽可能利用现有的包装技术和包装设备，尽可能利用标准模数尺寸设计包装。

（2）包装物的形态、特征

设计包装时，根据包装物各自的特性，充分利用各种简易包装形式，甚至无包装物流，如散装水泥的管道运输。

（3）包装形态的区别

在设计包装形态时，外包装、内包装、个体包装都应有明显区别。设计外包装和内包装时，除设法降低形态本身所能降低的费用外，还必须考虑这种包装能否降低其他物流费用。

（4）防止包装过剩

防止由于包装强度设计过高、包装材料选择过高、包装技术选择过高、体积过大等导致的包装过剩。

（5）考虑对其他物流活动的影响

包装只是物流活动的一个环节，在进行包装设计时还应考虑对其他物流活动的影响。

3. 提高包装作业机械化水平

劳务费在包装成本中所占的比例仅次于材料费。通过包装的机械化，在降低包装费用方面有以下几个方面的作用：提高包装作业效率和包装质量；大大改善包装工作的劳动强度和劳动条件；可缩减劳动工资费用，从而降低物流费用。

4. 实现包装尺寸标准化

实现包装尺寸的标准化，不仅能促进包装工业生产的发展，而且能使包装成本大幅度下降。例如：多采用标准模数尺寸制作包装、多使用集装箱和托盘等集装单元容器，可以降低总体物流成本。实现包装规格的标准化主要表现在包装材料单耗的下降，从而促使包装费用的下降。由于标准化，包装工业可以进行大批量生产，发挥规模经济效益，降低生产单位包装物的成本，从而降低产品的包装成本。

5. 组织散装运输，降低包装费用

散装是对水泥、粮食等颗粒或粉末状的商品，在不进行包装的情况下，运用专门的散装设备来实现的运输，又称为无包装运输。目前，我国的水泥散装率仅为15%，而美国的物流企业水泥散装率已达90%，在条件允许的情况下，经营者应推广散装运输。

6. 回收和利用旧包装

包装回收时将使用过的商品容器和包装辅助材料，通过各种渠道和各种方式收集起来，然后由有关部门进行处理。旧包装利用是指将回收回来的旧包装，经过修复、改制再次使用的过程。旧包装物的回收和利用可以相对节约包装材料，节约人工费支出，节约因包装而造成的电力等能源的消耗。

7. 加强包装改造和创新

包装改造和创新是指不断开发新材料，研究使用新工艺，不断淘汰那些质次价高的旧材料。

思考与练习

1. 什么是包装？包装成本由哪些方面构成？

2. 如何进行包装材料成本差异分析？

3. 如何优化包装成本？

4. 某洗衣粉厂，现在使用的包装外箱每一面都是瓦楞纸，且都是凑足十个包装后再由工厂发货。你认为有什么方法可降低该企业的包装成本？

5. 某企业所生产的产品为轿车用电机。外包装使用瓦楞纸，内包装使用塑料袋。缓冲材料使用的是硬化甘蔗渣压制板，包装成本如下：

材料费	68%
直接人工费	12%
管理费	15%
运输费	5%
总包装费	100%

其中材料费：

硬化甘蔗渣压制板	49%
瓦楞纸	31%
平面板	10%
各种捆扎带	8.5%
内包装塑料袋	1%
缝合针	0.5%

要求使用价值分析，提出改善方案，并通过实践和实验确定优化方案，降低包装成本。

专业人员通过价值分析，提出了以下改善方案：

(1) 使用增强片面板取代电机上部的硬化压制板，使其兼有硬化板的构造。

(2) 不再使用增强平板。

(3) 变更瓦楞纸材料质量。

(4) 使用瓦楞纸带取代原来的黏糊法。

(5) 使用与电机相符合的冲孔瓦楞纸。

(6) 用发泡聚苯乙烯代替电机上部和下部的硬化压制板。

经过该单位的包装实践和实验，决定采用（2）、（3）、（4）、（6）四个方案，包装成本实际降低了18%。

请结合此资料，对包装成本优化的措施进行进一步分析。

6. 某企业从外购入甲材料200千克，不含税单价是15元，乙材料100千克，不含税单价是10元，共支付运杂费500元。运杂费按买价比例分摊。计算甲乙两种材料的采购成本。

7. 某企业生产包装产品甲，实际产量为110件，直接材料的用量配比及其标准成本和实际成本资料，见表8—2—2。

表8—2—2　　直接材料成本资料

材料种类	标准			实际		
	用量（千克）	单价（元/千克）	成本（元）	用量（千克）	单价（元/千克）	成本（元）
A	8	40	320	6	45	270
B	2	30	60	6	22	132
合计	10	—	380	12	—	402

根据上述资料，请计算包装产品甲直接材料成本的各项差异。

第九章

物流装卸搬运和流通加工成本管理

第一节　装卸搬运成本管理

物资在装卸搬运过程中所支出费用的总和，构成物资装卸搬运成本。

一、装卸搬运成本的构成

装卸搬运作业所产生的主要费用构成如下：

1. 设备投资额（见表 9—1—1）

表 9—1—1　　设备投资额

费用名称	说明
机械设备的购置费	是指购买机械时的原始费用
机械安装费	有些固定或半固定式的装卸机械在安装调试时所发生的费用
基本折旧费	即按机械使用年限计算的每年应提取的折旧费用
附属设备费	装卸机械和运输机械在作业时往往要有相应的附属设备相配合，以便使作业过程更加顺利或有利于提高设备的生产率，如装卸机械的各种吊夹具。购买和制造附属设备或工具的费用即附属设备费

2. 运营费用

运营费用是指在装卸搬运机械作业现场，一年内运营的总支出。

（1）设备维修费用

为了延长机械设备的使用年限，确保机械工作安全，不降低设备的作业效率，各项设备都需进行大修、中修、小修和必要保养，这些在不同的修理过程中所发生的费用，即为设备维修费用。

（2）劳动工资费用

劳动工资费用是指在设备作业过程中用于支付劳动的费用。需要说明的是，劳动工资费用与装卸搬运机械化程度存在着密切的关系，机械化程度越高，劳动工资费用支出就越少，反之则越大。

（3）燃料和电力费用

燃料和电力费用是指机械在作业过程中所必须消耗的燃料和动力及必要的照明等费用总和。这部分费用的大小主要与设备功率、使用时间有直接关系。

（4）轮胎费

指装卸搬运机械领用的外胎、内胎、垫带及轮胎翻新费和零星修补费等。

（5）租赁费

指企业租入装卸机械设备，按合同规定支付的租金。

（6）其他费用

除上述以外所发生的费用，如劳保费用、管理费用、事故损失费用等。

二、装卸搬运成本核算程序及方法

1. 确定计算对象与计算单位

装卸搬运成本的计算对象视具体情况而定，如以机械装卸作业为主、人工作业为辅，可不单独计算人工装卸成本；如以人工装卸作业为主、机械装卸作业为辅，可不单独计算机械装卸成本。当然，有时也可将两者分别计算。

装卸搬运活动的计算单位有装卸自然吨和装卸操作吨，其中一装卸自然吨是指一吨货物不论经过几个操作过程，均以一吨计算；一装卸操作吨是指一个完整操作过程所装卸、搬运的一吨货物。

2. 确定成本计算项目

（1）劳动工资费用

按规定支付给装卸搬运工人、装卸机械司机的计时工资、计件工资等及按工资总额计提的职工福利费。工资福利费根据工资和福利费分配表中有关装卸搬运的部分计入装卸搬运成本。

（2）燃料和动力费用

燃料费用在月末根据领用燃料记录，计算实际消耗数量和金额；电力费用则根据收费单或企业分配单直接计入装卸搬运成本。

（3）轮胎费

按实际领用数和发生数计入成本。如一次领用轮胎数较多，可在一年内分月计入成本。

（4）修理费

为装卸机械和装卸工具进行维修和小修所发生的工料费和大修理费用。其中属于专职装卸机械维修工进行维修的工料费，直接计入装卸搬运成本；其他情况需要通过分析将有关装卸搬运的部分计入装卸搬运成本。对耗用的机油、润滑油等在月末时按领料单直接计入装卸成本。

（5）折旧费用

装卸搬运机械按规定方法计提折旧费，可直接引入财务会计的相应装卸搬运机械设备的折旧费计入装卸搬运成本。

（6）工具和劳保费用

指装卸机械耗用的工具费和使用的劳动防护用品、防暑、防寒等发生的各项费用。工具和劳保费用在领用时按实际数一次计入成本。

（7）事故损失费

指在装卸作业过程中，因此项工作造成的应由本期装卸成本负担的货损、机械损坏、外单位人员人身伤亡等事故所发生的损失，包括货物破损等货损、货差损失和损坏装卸机械设备所支付的修理费用。事故损失费应将由本期负担的净损失计入成本。

（8）外付装卸费用

指支付给外单位支援装卸工作所发生的费用。将实际发生数直接计入成本。

3. 计算总成本和单位成本

将计算期内各装卸搬运成本计算对象的成本加总即得总成本，再除以计算单位的数量，就得到单位装卸搬运成本。

三、装卸设备配备费用的计算

装卸机械设备的选择与装卸机械设备作业所发生的费用有很大关系，这些费用主要包括设备投资费、设备运作费、装卸作业成本等。

1. 设备投资费用

装卸搬运机械设备投资费用是指平均每年装卸机械设备投资的总和与相应的每台机械在1年内完成装卸作业量之比。公式为：

$$C_C = C_t / 365G$$

式中　C_C——装卸机械设备投资费用；

C_t——平均每年装卸机械设备总投资；

G——装卸机械平均每日装卸作业量。

平均每年装卸机械设备的总投资，包括装卸机械的购置费用、机械安装费用、与机械设备直接有关的附属设备费用等。用公式表示为：

$$C_t = (C_j + C_z) \times K + C_f \times K$$

式中　C_j——装卸机械的购置费；

C_z——机械安装费用；

K——各项设备的基本折旧率；

C_f——附属设备费用。此项费用包括车库、充电设备、电网、起重运行轨道等费用。

2. 设备运作费用

设备运作费用是指在某一种装卸机械作业现场，1年内运营总支出和机械完成装卸量之比，用公式表示为：

$$C_y = C / C_n$$

式中　C_y——装卸每吨货物支出的运营费用；

C_n——装卸机械年作业量；

C——1年内运营投资总费用。

运营投资总费用包括有关装卸搬运活动的维修费用、工资费用、燃料和动力费用及照明费等。

3. 装卸作业成本

装卸作业成本是指某一作业现场，装卸机械每装卸1吨货物所支出的费用。它用每年平均设备投资支出和运营费用支出总和与每年装卸机械设备作业现场完成的装卸总吨数的比值表示，用公式表示为：

$$C_b = (C_t + C) / G_n$$

式中　C_b——装卸1吨的作业成本；

G_n——装卸机械每年完成的总吨数。

不同装卸搬运设备具有不同的投资费用、运作费用和作业成本。因此在购置时，要综合考虑各种费用水平，选择费用少的设备，从而降低装卸搬运成本。

四、装卸搬运成本优化

装卸搬运成本优化是以降低装卸搬运成本，提高装卸搬运的效率为目标，防止无效装卸搬运，实现装卸搬运的合理化。

1. **防止无效装卸**

无效装卸是指消耗于有用货物必要装卸劳动之外的多余装卸劳动。一般装卸操作中，无效装卸具体反映在以下几方面：

(1) 过多的装卸次数

物流过程中，货损发生的主要环节是装卸环节，过多的装卸次数必然导致损失的增加；从发生的费用来看，一次装卸的费用相当于几十千米的运输费用，因此，每增加一次装卸，费用就会有较大比例的增加；此外，装卸又是降低物流速度的重要因素。

(2) 过大过重的包装装卸

包装过大过重，在装卸时实际上反复在包装上消耗较大的不必要的劳动。

(3) 无效物质的装卸

进入物流过程的货物，有时混杂着没有使用价值或对用户来讲使用价值不对路的各种掺杂物，如煤炭中的矸石，矿石中的表面水分，石灰中的未烧熟石灰及过烧石灰等，在反复装卸时，实际对这些无效物质反复消耗劳动，因而形成无效装卸。

2. **优化装卸搬运作业**

(1) 减少搬运次数，缩短搬运距离

减少装卸搬运作业次数，缩短搬运距离，也就减少了装卸搬运作业量，不但可以减少装卸搬运成本，而且还能加快物流速度。采取的措施是：装卸搬运设备的参数要和建筑物的参数、特点相匹配；配备适应性强的物流设备；提高装卸搬运作业的组织调度水平；做好车间、库房、铁路专用线、主要通道的布局，缩短作业距离。

(2) 利用重力因素，实现装卸作业的省力化

充分利用重力和消除重力影响，进行少消耗的装卸。在装卸时考虑重力因素，可以利用货物本身的质量，进行有一定落差的装卸，以减少或根本不消耗装卸的动力，这是合理化装卸的重要方式。例如，从卡车、铁路货车卸物时，利用卡车与地面或小搬运车之间的高度差，使用溜槽、溜板之类的简单工具，可以依靠货物本身质量，从高处自动滑到低处，这就无须消耗动力。在装卸时尽量消除或削弱重力的影响，也会求得减轻体力劳动及其他劳动消耗的合理性。例如在进行两种运输工具的换装时，可以采取落地装卸方式，即将货物从甲工具卸下并放到地上，一定时间之后，或搬运一定距离之后再从地上装到乙工具之上，这样起码在“装”时，要将货物举高，这就必须消耗改变位能的动力。如果进行适当安排，将甲、乙两工具进行靠接，从而使货物平移，从甲工具转移到乙工具上，这就能有效消除重力影响，实现合理化。总之要采取各种措施优化装卸搬运作业，可提高装卸搬运作业效率，减少各种耗费，降低装卸搬运成本。

(3) 充分利用机械，实现“规模装卸”

为了更多降低单位装卸工作量的成本，对装卸机械来讲，也有“规模”问题，装卸机械的能力达到一定规模，才会有最优效果。追求规模效益的方法，主要是通过各种集装单元，实现间断装卸时一次操作的最合理装卸量，从而使单位装卸成本降低，也通过散装实现连续装卸的规模效益。

(4) 实现装卸作业的机械化、标准化

随着生产力的发展，装卸搬运的机械化程度将不断提高。此外，由于装卸搬运的机械化能把工人从繁重的体力劳动中解放出来。尤其对于危险品的装卸作业，机械化能保证人和货物的安全，也是装卸搬运机械化程度不断得以提高的动力。标准化有利于节省装卸作业的时间，提高作业效率。货物的集装化中，托盘的使用标准，集装箱的使用标准，都是为了使装卸搬运省力。根据仓储各种物资的物理化学性质、形态、包装类型和各类机械设备的使用性能、操作要求，制定出各种作业的技术安全操作规程和标准，并在实际作业中严格执行。

（5）合理规划装卸搬运方式作业过程

装卸搬运作业过程是指对整个装卸作业的连续性进行合理安排，以缩短运距和装卸次数。装卸搬运作业现场的平面布置是直接关系到装卸、搬运距离的关键因素，装卸搬运机械要与货场长度、货位面积等互相协调。要有足够的场地集结货物，并满足装卸搬运机械工作面的要求，场内的道路布置要为装卸搬运创造良好的条件，有利于加速货位的周转。使装卸搬运距离达到最小的平面布置是减少装卸搬运距离的最理想方法。提高装卸搬运作业的连续性应做到：作业现场装卸搬运机械合理衔接；不同的装卸搬运作业在相互连接使用时，力求使其装卸搬运速率相等或接近；充分发挥装卸搬运调度人员的作用，一旦发生装卸搬运作业障碍或停滞状态，立即采取有力的措施补救。

（6）推广组合化装卸

在装卸搬运作业过程中，根据不同物料的种类、性质、形状、质量的不同来确定不同的装卸作业方式。处理物料装卸搬运的方法有三种形式：普通包装的物料逐个进行装卸，称为“分块处理”；将颗粒状物资不加小包装而原样装卸，称为“散装处理”；将物料以托盘、集装箱、集装袋为单位进行组合后进行装卸，称为“集装处理”。对于包装的物料，尽可能进行“集装处理”，实现单元化装卸搬运，可以充分利用机械进行操作。

（7）提高“物”的装卸搬运活性

装卸搬运活性的含义是从物的静止状态转变为装卸搬运运动状态的难易程度，即物资进行装卸搬运作业的方便性。如果很容易转变为下一步的装卸搬运而不需要过多做装卸搬运前的准备工作，则活性就高。为提高搬运活性，应将其整理成堆或是包装成单件放在托盘上，或是放在车上、运输机上。由于装卸搬运是在物流过程中反复进行的活动，因而其速度可能决定整个物流的速度，每次装卸搬运的时间虽短，但多次装卸搬运的累计效果十分可观。因此，提高装卸搬运活性是装卸合理化的重要因素。活性指数分为 0～4 共 5 个等级，见表 9—1—2。

表 9—1—2　　装卸搬运活性指数表

货物的放置状态	需要进行的作业				活性指数	货物移动的机动性
	整理	架起	提起	拖运		
直接置地	√	√	√	√	0	移动时需逐个用力搬运到运输工具上
置于容器	0	√	√	√	1	可用人工一次搬运，一般不便于使用机械
置于托盘	0	0	√	√	2	可以方便地使用机械搬运
置于车内	0	0	0	√	3	不需要借助其他机械便可搬运
置于传送带	0	0	0	0	4	货物已处于移动转台

3. 减少装卸搬运损失

装卸搬运是比较容易发生货损和事故的环节。对装卸搬运作业进行安全管理，既可以防止和消除货物损坏、人员伤亡事故，又可以减少装卸搬运的事故损失成本。装卸作业的总体安全必须注意下列要求：

（1）应有统一的现场指挥

作业现场应有一人统一指挥，指挥时有明确固定的指挥信号，以防作业混乱，发生事故。作业现场的装卸搬运人员和机具操作人员，要严守劳动纪律，服从指挥。非作业人员不得在作业区域内逗留。

（2）必须按操作规程作业

机械作业时，必须严格执行操作规程和有关规定。要由专人负责操作设备和起吊拴吊工作，严格按设备规定负荷作业和车船允许载荷装载。人力装卸搬运时，应量力而行，配合协调，绝不可冒险违章操作。

（3）要保证物资、包装不受损坏

严格注意稳挂、稳吊、轻抬、轻放，避免不适于钩、吊、挂、撬的操作，以免造成物资变形、残损、散失和包装损坏。要注意包装上的标志，发现物资包装有渗漏损坏时，必须立即修补加固。

第二节　流通加工成本管理

流通加工成本是指在商品从生产者到消费者的流动过程中，为了促进销售、维护商品质量，实现物流的高效率所采用的使商品不发生形状和性质的变化而产生的成本。

一、流通加工成本的构成

流通加工成本的构成主要包括流通加工设备费用、流通加工材料费用、流通加工劳务费用、流通加工其他费用等内容。

1. 流通加工设备费用

流通加工设备因流通加工形式的不同而不同，如木材加工需要电锯，剪板加工需要剪板机等。购置这些设备所支出的费用，以流通加工费的形式转移到被加工的产品中去。

2. 流通加工材料费用

在流通加工过程中，投入加工过程中的一些材料消耗的费用即为流通加工材料费。

3. 流通加工劳务费用

在流通加工过程中，支付给从事加工活动工人及有关人员的工资、奖金等费用为流通加工劳务费用。

4. 流通加工其他费用

除上述费用外，在流通加工中耗用的电力、燃料、油料及车间费用等，也要计入流通加工成本中去。

二、流通加工成本的核算

为了简化计算，对物流中心、配送中心甚至仓库提供的各种各样的流通加工服务的成本

设置为流通加工直接材料费用、流通加工直接人工费用、流通加工制造费用三个成本项目。

1. 流通加工直接材料费用的核算

流通加工直接材料费用是指在流通加工过程中消耗的辅助材料、包装材料等费用。

（1）流通加工直接材料费用的归集

流通加工直接材料费用由材料消耗数量和材料消耗价格两个因素决定。

1）材料消耗数量的确定。为了正确计算在流通加工过程中材料的消耗量，企业应当连续并及时地记录材料的消耗数量；记录生产过程中的材料消耗的原始凭证有“领料单”“限额领料单”“领料登记表”等。期末，对于在生产过程中只领未用的材料，应当填制“退料单”。“退料单”也是记录材料消耗的原始凭证。只有严格管理材料发出的凭证和手续，才能正确计算和确定材料消耗的数量。

2）材料消耗价格的确定。购入流通加工材料成本的计算与包装材料成本的计算相同，也包括材料购买价款和入库前发生的各种附带成本，如运输途中的合理损耗、入库前的整理挑选费用等。由于不同批次材料的购进价格不同，与包装材料类似，必须选择恰当的方法计算发出材料的价格，如加权平均法、先进先出法、后进先出法等。

（2）流通加工直接材料费用的分配

直接材料消耗金额的确定，应根据全部领料凭证编制“耗用材料汇总表”确定。凡能分清某一成本计算对象的费用，直接计入该加工对象的产品成本计算单中；凡属于几个加工成本对象共同消耗的直接材料费用，应选择适当的方法，分配计入各加工成本计算对象的成本计算单中。共同消耗的直接材料费用在各成本计算对象之间的分配方法有：重量分配法、体积分配法、定额耗用量比例分配法、标准产量分配法、生产工时比例法、机器工时比例法等。

2. 流通加工直接人工费用的核算

流通加工直接人工费用是指直接进行加工生产的工人的工资总额（包括计时工资、计件工资、奖金、津贴、补贴等）和按工资总额的一定比例（14%）提取的职工福利费。

（1）流通加工直接人工费的归集

根据“工资结算单”按人员类别汇总编制“工资结算汇总表”和“职工福利费计算表”来计算人工费。“工资结算汇总表”是进行工资结算和分配的原始依据。“工资结算单”应当依据职工工作卡片、考勤记录、工作量记录等原始凭证编制。“职工福利费计算表”是依据“工资结算汇总表”确定的各类人员工资总额，按照规定的提取比例计算后编制的。

（2）流通加工直接人工费的分配

支付计件工资形式的生产工人工资，一般直接计入所加工的对象成本中，不需要再进行分配。计时工资形式的工资成本，如果只加工一个对象，则直接计入该对象成本；如果加工多个对象，则需要采用合理的方法，在各种对象之间进行分配。按工资总额的一定比例计提的职工福利费的归集方法与工资的归集方法相同。采用计时工资形式加工多个对象的工资分配方法有生产工时比例法、系数分配法等，其中比例法的计算公式如下：

$$人工工资费用分配率=\frac{应分配的直接人工费用}{各加工对象的加工工时之和}$$

某加工对象应分配的工资费用＝该加工对象的实际耗用工时×人工工资费用分配率

3. 流通加工制造费用的核算

流通加工制造费用是为组织和管理流通加工所发生的各项间接费用，如流通加工单位房屋、建筑物的折旧费用、机器设备的折旧费用和修理费、水电费、办公费等。

（1）流通加工制造费用的归集

折旧费用是通过定期编制“折旧费用计算汇总表”计算出各生产单位的本期折旧费用以后，再计入流通加工部门制造费用的折旧费用的。修理费用一般直接计入当月的该生产单位的制造费用。当修理费用发生不均衡，一次性支出的金额较大时，则可以采用分期摊销或按计划预提计入制造费用的方法。其他费用一般按会计期间编制制造费用预算，按预算总额进行控制。

（2）流通加工制造费用的分配

制造费用是各加工单位为组织和管理流通加工所发生的间接费用，制造费用的受益对象是流通加工单位本期所加工的所有产品。如果加工单位只加工一种产品，则制造费用直接计入该对象的流通加工成本，不需要再进行分配；如果加工单位同时加工多种产品，则发生的制造费用需在全部受益对象之间进行分配。实际工作中，制造费用的分配方法有生产工时分配法、机器工时分配法、直接人工工资比例法、计划分配率法、系数分配法等。

三、流通加工费用在完工产品和期末在产品之间的分配

就像生产过程一样，流通加工也存在完工产品和在产品。流通加工费用在它们之间的分配方法，与传统生产过程中生产成本在完工产品和在产品之间的分配方法类似。

完工产品与在产品之间费用分配的方法主要有：不计算在产品成本法、在产品按固定成本计价法、在产品按所耗原材料费用计价法、约当产量比例法、在产品成本按完工产品成本计算法、在产品按定额成本计价法、定额比例法等。企业具体采用哪一种分配方法，应根据月末在产品数量的多少、各月在产品数量变化的大小、各项费用比例的大小及定额管理基础等具体条件而定。

流通加工成本的计算与产品生产成本计算相比，计算的内容和程序都相应简单一些。

四、流通加工成本优化

1. 优化流通加工作业排序

流通加工作业排序是指在一定期间内分配给各个加工单位的生产任务，根据加工工艺和负荷的可能性确定各加工单位流通加工作业开始时间、作业结束时间，并进行作业顺序编号。优化作业排序，可缩短加工周期，节约加工费用，减少延期交货和违约损失，使物流成本降低。优化流通加工作业排序的方法如下：

（1）最短加工时间法

最短加工时间法按所需加工时间的长短排列各加工任务，加工时间最短的排在最前，加工时间最长的排在最后，依此顺序进行加工。采用这一方法可使平均流程时间最短，滞留在制品平均占用最少，有利于减少流动资金占用，减少厂房、仓库及加工作业面积和节约保管费用。但这种方法忽视了交货期，可能存在着延期交货问题。

（2）最早预定交货期法

最早预定交货期法按预定交货期的先后顺序进行排序，交货期最早的排在最前，交货期最晚的排在最后进行加工。这种方法减少了延期交货现象，减少了违约金和企业信誉损失，

但使平均流程时间增加，在制品和流动资金占用增加。

（3）最短加工时间和最早预定交货期综合法

其步骤是先根据最早预定交货期法排列一个最大延期量为最小的加工方案；计算所有加工任务的总流程时间；查出初始方案中预定交货期大于总流程时间的加工任务，按最短加工时间规则，把加工时间最长的排在最后。根据前两个步骤反复调整，最终排定加工顺序。这种方法不但消除了延期量，还减少了加工流程时间。

优化流通加工作业排序的作用是综合的，根据客户需求变化，及时改变作业排序，将取得良好的经济效益。

2. 加强流通加工成本管理

（1）选择恰当的加工方式和加工深度

流通加工成本受不同加工方式和加工深度的影响，应根据服务对象和服务需要，选择适当的加工方式和加工深度，并进行经济核算和可行性研究，合理确定加工费用的支出。

（2）均衡加工批量和数量

流通加工成本与加工批量和加工数量成正比，批量越大，数量越多，流通加工成本越高。批量的均衡、数量的稳定，能使加工能力得到充分、有效的利用。加工能力不足和加工能力过剩，都将引起费用增加。

（3）全面管理

流通加工就像生产作业一样，需要对劳动力、设备、动力等进行全面管理。

（4）单独核算

流通加工活动不同于其他物流活动，流通加工成本的形式和使用与运输成本等存在很大区别。为检查和分析流通加工费用的使用、支出情况，分析流通加工的经济效益，应对流通加工费用单独管理，单独核算。

（5）制定经济指标

对成为商品的产品进行流通加工只是生产过程的补充。为更好反映流通加工的经济效益，需要根据流通加工对象、流通加工方式等的特点，制定反映流通加工的经济指标。流通加工作业管理对流通加工成本的降低发挥着重要作用。

思考与练习

1. 试述装卸搬运成本的构成。
2. 装卸搬运成本的核算有哪些步骤？
3. 如何防止无效装卸？
4. 什么是装卸搬运活性？如何提高装卸搬运活性？
5. 从降低装卸搬运成本出发，分析装卸搬运合理化的措施。
6. 流通加工成本都由哪些项目构成？
7. 如何降低流通加工成本？

第十章

物流成本绩效评价

长期以来，成本效果在很大程度上决定着企业的成功，评价一家企业的业绩情况主要是通过财务指标，比较其与竞争对手间的获利能力及市场占有率。但是在强调专业分工、快速定制产品及经济全球化的年代，企业间的竞争重点已逐渐转变为各自供应链体系的效能之争，即看谁能以最快的速度、最低廉的成本将定制的产品送到客户手上。企业为在竞争中求生存，就必须从仅以成本为中心转变为以多样化的客户为中心。

一、物流成本绩效评价的含义

物流企业绩效评价是指运用数量统计和运筹学方法，采用特定的指标体系，依据统一的评价标准，按照一定的程序，通过定量、定性分析，对物流企业在一定的经营期间内的经营效益和经营者的业绩，做出客观、公正和标准的综合评价，真实反映该企业的现实状况，预测企业未来发展前景的一门科学。评价的内容主要包括企业的盈利能力、资产运营水平、偿还债务的能力和后续发展能力等方面。

物流成本绩效评价是物流企业绩效评价的重要内容，其实质是以物流成本指标为依托，进行的物流财务指标的分析，通过一系列指标的分析，能够比较全面地反映物流成本—效益水平，为物流成本管理和决策提供依据。

二、物流成本绩效评价的原则

1. 动态性原则

通过对物流企业的绩效评价，要能对未来期间的情况进行预测，并能够对关键趋势做出正确判断，预见未来发展趋势。

2. 成本收益匹配原则

进行物流成本绩效评价时，要将花费的物流成本费用与取得的收益相匹配，既要做到因果匹配，也要做到时间匹配。这样才能得出正确的评价结论。

3. 例外原则

物流企业的业务涉及面广，对于通过评价发现的特定作业等例外情况，要进行特殊处理，进行特殊评价。

三、物流成本绩效评价的步骤

要想真正评估物流成本的绩效，发现问题、解决问题，及时地做出决策，可以按下列步骤进行物流成本绩效评价：

1. 确定评价工作组织机构

该机构直接组织实施评价活动。该机构的成员应具备丰富的物流管理经验和财务会计等专业知识，比较熟悉物流成本绩效评价业务，能够坚持原则，秉公办事，并具有较强的综合分析判断能力。

2. 制定评价方案

评价工作机构在制定评价方案时，应首先明确评价对象。对物流企业进行成本绩效评价时，评价的对象是整个物流企业。然后确立评价目标，选择评价标准、评价方法和报告形式。评价目标是整个评价工作的指南；评价指标是评价的具体内容，是评价方案的重点和关键；评价标准有年度预算标准和物流行业标准，标准的选择取决于评价目标；物流成本绩效评价经常采用定量的方法；根据评价指标，确定形成的绩效报告形式。

3. 收集和整理相关数据资料

需要收集的相关数据资料包括：物流企业以前年度的物流成本绩效评价报告；同行业的评价标准和评估方法；物流企业本身的各项物流作业的业务数据和财务数据。

4. 进行绩效评价

根据既定的评估方案和确定的评估方法，利用收集整理的数据资料，计算评价指标的实际数值。

5. 编制绩效评价报告

根据评价方案中既定的评价报告形式，将绩效评价的实际指标值分别填列到报告中，并对相关指标进行分析。

6. 做出绩效评价结论

把在评价过程中形成的各种书面材料，进行认真分析，并结合相关资料，做出绩效评价结论。在各种书面材料的基础上，建立绩效评价档案。

四、物流成本的全面指标分析

物流成本的全面指标分析是以物流企业整体的物流成本为依据，通过物流成本和其他要素的相关关系来分析评价企业物流活动的水平。

1. 物流成本率

$$\text{物流成本率}=\frac{\text{物流成本}}{\text{销售额}}\times 100\%$$

使用该指标时，是把物流部门作为独立的利润中心进行考核的，该指标用来说明单位销售额需要支出的物流成本。公式中的物流成本是指完成物流活动所发生的真实成本，包括采购成本、运输成本、配送成本、库存成本和包装成本等。这个指标值越高则其对价格的弹性越低，说明企业单位销售额需要支出的物流成本越高，从企业历年的数据中，大体可以了解其动向，通过与同行业和行业外进行比较可以进一步了解企业的物流成本水平。但该比率受价格和交易条件的变化影响较大，因而存在一定的缺陷。

2. 单位物流成本率

$$\text{单位物流成本率}=\frac{\text{物流成本}}{\text{企业总成本}}\times 100\%$$

使用该指标进行分析时，将物流部门作为成本中心来考核。该指标用来评价企业物流成本占企业总成本的比例。这是考察物流成本占总成本比率的一个指标，一般作为考核企业内部的物流合理化或检查企业是否合理化目标的指标来使用。该指标越大，说明物流成本占企业总支出的比例越大，应分析原因，找出改进的方法。

3. **单位营业费用物流成本率**

$$单位营业费用物流成本率=\frac{物流成本}{销售费用+一般管理费用}\times 100\%$$

该指标用来分析物流成本占营业费用的比例。公式中的物流成本指的是物流活动的全部成本；销售费用是指企业销售过程中发生的全部支出，一般管理费用是指企业日常经营过程中发生的支出。通过该指标可以判断企业物流成本的比例，且该指标不受进货成本变动的影响。该指标适合于作为企业物流过程物流合理化的评价指标。

4. **物流职能成本率**

$$物流职能成本率=\frac{物流职能成本}{物流总成本}\times 100\%$$

使用该指标时，企业应合理划分企业的物流职能，采用切实可行方法计算出各项物流职能的成本，为提高物流过程的管理水平提供依据。该指标可以计算出包装费、运输费、保管费、装卸费、流通加工费、信息流通费、物流管理费等各物流职能成本占物流总成本的比率，为企业物流成本控制提供依据。

5. **产值物流成本率**

$$产值物流成本率=\frac{物流成本}{企业总产值}\times 100\%$$

该指标用来分析企业创造单位产值需要支出的物流成本，是一定时期生产一定数量产品过程中物流成本占总产值的比率。该指标表明每生产 100 元产值所需耗费的生产成本。该指标反映了物流过程耗费的经济效果，企业投入产出率越高，物流成本耗费越低，该指标的值就越低。

6. **物流成本利润率**

$$物流成本利润率=\frac{利润总额}{物流成本}\times 100\%$$

该指标表明在物流活动中，耗费一定量的资金，所获得的经济利益的能力。它是分析一定时期生产和销售一定数量产品所发生的物流成本与所获得的利润总额的比率。该指标越高，说明市场竞争能力越强，产品成本水平越低，盈利能力越强。但该指标受众多因素的影响，主要有：销售产品的价格、产品的销售数量、产品销售税金及附加、其他业务利润、营业外收支、产品的结构、各功能物流成本的大小等。

7. **物流效用增长率**

$$物流效用增长率=\frac{物流成本本年比上年增长率}{销售额本年比上年增长率}\times 100\%$$

该指标用来分析物流成本变化和销售额变化的关系，说明了物流成本随销售额的变化而变化的水平。该指标合理的比例应该小于 1，如果比率大于 1，说明物流成本的增长速度超过了销售额的增长速度，应引起重视。

五、物流成本的具体评价指标分析

1. 进出货物流过程指标分析

进货是货物进入物流中心的第一个阶段，而出货是物流过程的最后阶段，出货和进货是否有效率，严重影响其他物流过程。

（1）每小时处理进出货量

$$每小时处理进货量=\frac{进货量}{进货人员数}\times每日进货时间\times工作天数$$

$$每小时处理出货量=\frac{出货量}{出货人员数}\times每日出货时间\times工作天数$$

$$进货时间率=\frac{每日进货时间}{每日工作时数}\times100\%$$

$$出货时间率=\frac{每日出货时间}{每日工作时数}\times100\%$$

（2）每台进出货设备的装卸货量

该指标用来评价每台进出货设备的工作量。

$$每台进出货设备的装卸货量=\frac{进货量+出货量}{装卸设备数}\times工作天数$$

（3）每台进出货设备每小时的装卸货量

该指标用来评价每台进出货设备的工作效率。

$$每台进出货设备每小时的装卸货量=\frac{进货量+出货量}{装卸设备数}\times工作天数\times每日进出货时数$$

2. 储存物流过程效率分析

（1）储区面积率

储区是物流过程不可缺少的部分，该指标用来衡量厂房空间的利用率是否适当。

$$储区面积率=\frac{储区面积}{物流中心建筑面积}\times100\%$$

（2）可供保管面积率

该指标用来判断储区内的通道规划是否合理。

$$可供保管面积率=\frac{可保管面积}{储区面积}\times100\%$$

（3）储位容积使用率和单位面积保管量

$$储位容积使用率=\frac{存货总体积}{储位总容积}\times100\%$$

$$单位面积保管率=\frac{平均库存量}{可保管面积}$$

（4）库存周转率

该指标可用来检查公司的营运绩效和衡量当前存货是否适当。

$$库存周转率=\frac{出货量}{平均库存量}\times100\%$$

或者

$$库存周转率=\frac{营业额}{平均库存金额}\times100\%$$

（5）库存掌握程度

该指标作为设定产品标准库存的比率依据。

$$库存掌握程度=\frac{实际库存量}{标准库存量}$$

(6) 库存管理费率

该指标用来衡量每单位存货的库存管理费用。

$$库存管理费率=\frac{库存管理费用}{平均库存量}$$

(7) 呆废料率

该指标用来衡量物料耗损对资金积压的影响情况。

$$呆废料率=\frac{呆废料件数}{平均库存量}\times 100\%$$

或者

$$呆废料率=\frac{呆废料金额}{平均库存金额}\times 100\%$$

3. 盘点作业效率分析

(1) 盘点数量误差率

该指标是用来衡量库存管理优劣，作为是否加强盘点或改变管理方式的依据，以降低公司的损失机会。

$$盘点数量误差率=\frac{盘点误差量}{盘点总量}\times 100\%$$

(2) 盘点品种误差率

该指标是衡量由盘点误差品种数据的多少，来检讨盘点误差主要的发生原因。

$$盘点品种误差率=\frac{盘点误差品种数}{盘点实施品种数}\times 100\%$$

4. 物流订单作业效率评价

以下指标是用来观察每天的订单变化情况，据以研究拟订客户管理策略及业务发展状况。

(1) 平均每日来单数

$$平均每日来单数=\frac{订单数量}{工作天数}$$

(2) 平均客户订单数

$$平均客户订单数=\frac{订单数量}{下游客户数}$$

(3) 平均每订单包含货物件数

$$平均每订单包含货物件数=\frac{出货量}{订单数量}$$

(4) 平均客户订单价值

$$平均客户订单价值=\frac{营业额}{订单数量}$$

(5) 订单延迟率

该指标是用来衡量交货的延迟情况。

$$订单延迟率=\frac{延迟交货订单数}{订单数量}\times 100\%$$

(6) 订单货件延迟率

该指标是用来衡量公司是否应实施客户重点管理。

$$订单货件延迟率=\frac{延迟交货量}{出货量}\times 100\%$$

（7）缺货率

该指标是用来反映存货控制决策是否适宜，应否调整订购点与订购量的基准。

$$缺货率=\frac{接单缺货数}{出货量}\times 100\%$$

（8）短缺率

该指标是反映出货作业的精确度。

$$短缺率=\frac{出货品短缺数}{出货量}\times 100\%$$

5. 拣货作业效率分析

以下两个指标是衡量公司对拣货作业的投资程度，以及检查有无相对贡献的产出情况。

（1）拣货人员装备率

$$拣货人员装备率=\frac{拣货设备成本}{拣货人员数}\times 100\%$$

（2）拣货设备成本产出

$$拣货设备成本产出=\frac{出货品体积数}{拣货设备成本}$$

以下四个指标是用来评价运用拣货成本与产出的拣货效益做比较，以控制拣货成本，提高拣取效益。

（3）每订单投入拣货成本

$$每订单投入拣货成本=\frac{拣货投入成本}{订单数量}$$

（4）每订单笔数投入拣货成本

$$每订单笔数投入拣货成本=\frac{拣货投入成本}{订单总笔数}$$

（5）每取货次数投入拣货成本

$$每取货次数投入拣货成本=\frac{拣货投入成本}{拣货单位累计总件数}$$

（6）单位体积投入拣货成本

$$单位体积投入拣货成本=\frac{拣货投入成本}{出货品体积数}$$

6. 配送作业效率评价指标

以下四个指标是用来评估配送人员的工作分摊及其物流过程贡献度，以衡量配送人员的能力负荷与物流过程绩效，判断是否需要增减配送人员人数。

（1）平均每人的配送量

$$平均每人的配送量=\frac{出货量}{配送人员数}$$

（2）平均每人的配送距离

$$平均每人的配送距离=\frac{配送总距离}{配送人员数}$$

(3) 平均每人的配送质量

$$平均每人的配送质量（吨）=\frac{配送总质量}{配送人员数}$$

(4) 平均每人的配送车次

$$平均每人的配送车次=\frac{配送总车次}{配送人员数}$$

以下三个指标是用来评估车辆的负荷，以判断是否需要增减配送车数量。

(5) 平均每台车的吨千米数

$$平均每台车的吨千米数=\frac{配送总距离\times配送总质量}{自车数量+外车数量}$$

(6) 平均每台车的配送距离

$$平均每台车的配送距离=\frac{配送总距离}{自车数量+外车数量}$$

(7) 平均每台车的配送质量

$$平均每台车的配送质量=\frac{配送总质量}{自车数量+外车数量}$$

以下五个指标用来评价配送成本花费的多少。

(8) 配送成本比率

$$配送成本比率=\frac{自车配送成本+外车配送成本}{物流总费用}\times100\%$$

(9) 单位配送成本

$$单位配送成本=\frac{自车配送成本+外车配送成本}{配送总量}$$

(10) 每体积配送成本

$$每体积配送成本=\frac{自车配送成本+外车配送成本}{出货物体体积}$$

(11) 每车次配送成本

$$每车次配送成本=\frac{自车配送成本+外车配送成本}{配送总车次}$$

(12) 每千米配送成本

$$每千米配送成本=\frac{自车配送成本+外车配送成本}{配送总距离}$$

7. 采购作业过程效率分析

(1) 采购成本占营业额的比率

该指标是用来衡量采购成本的合理性。

$$采购成本占营业额的比率=\frac{采购成本}{营业额}\times100\%$$

(2) 货物采购及管理总费用

该指标用来衡量采购和库存政策的合理性。

货物采购及管理总费用=采购物流过程费用+库存管理费用

以下三个指标是用来评价进货的准确度及有效度，以便调整安全库存。

(3) 进货数量误差率

$$进货数量误差率=\frac{进货误差量}{进货量}\times 100\%$$

(4) 进货不良品率

$$进货不良品率=\frac{进货不合格数量}{进货量}\times 100\%$$

(5) 进货延长率

$$进货延长率=\frac{延迟进货数量}{进货量}\times 100\%$$

8. 物流作业整体效率分析

(1) 人员生产量

$$人员生产量=\frac{出货量}{公司总人数}$$

(2) 人员生产率

$$人员生产率=\frac{营业额}{公司总人数}$$

使用以上两个指标可以了解人员对公司的营运贡献是否合理及观察公司商品价格的趋势情况。

(3) 固定资产周转率

该指标是衡量固定资产的运作绩效，评估所投资的资产是否充分发挥效用。

$$固定资产周转率=\frac{营业额}{固定资产总额}\times 100\%$$

(4) 产出与投入平衡

该指标是衡量是否维持低库存量，与零库存差距多远。

$$产出与投入平衡=\frac{出货量}{进货量}$$

(5) 每天营运金额

该指标是衡量公司营运物流过程的稳定性。

$$每天营运金额=\frac{营业额}{工作天数}$$

(6) 营业成本占营业额比率

该指标是衡量营业支出占营业额比率是否过高，测定营业成本费用与负担对该期损益影响的程度。

$$营业成本占营业额比率=\frac{营业成本}{营业额}\times 100\%$$

用以上这些指标来考核、分析工作成绩。如果采取提高各项水平的措施，是不能取得预期效果的。必须充分考虑有关因素之间的二律背反关系，采取对策，实现降低物流成本的目标。

思考与练习

1. 什么是物流企业绩效评价?

2. 物流企业绩效评价应遵循什么原则?

3. 如何进行物流企业绩效评价?

4. 要对物流企业的物流成本进行全面分析，需要哪些指标?

5. 物流成本的详细分析有哪些指标?

6. 你对物流企业成本绩效评价有何建议，为什么不能通过单一指标来考察物流成本绩效?